中国历史极简本

陈舜臣说十八史略

しょうせつじゅうはっしりゃく

[日]陈舜臣 著
黄悦生 译

陕西师範大學出版总社

图书代号：SK19N0462

陕版出图字：25-2019-050

图书在版编目（CIP）数据

陈舜臣说十八史略：中国历史极简本 /（日）陈舜臣著；黄悦生译．— 西安：陕西师范大学出版总社有限公司，2019.7
ISBN 978-7-5695-0694-5

Ⅰ.①陈…　Ⅱ.①陈…　②黄…　Ⅲ.①中国历史－通俗读物　Ⅳ.①K209

中国版本图书馆 CIP 数据核字（2019）第 076174 号

陈舜臣说十八史略：中国历史极简本

CHEN SHUN CHEN SHUO SHIBA SHI LUE:ZHONGGUO LISHI JI JIAN BEN

[日]陈舜臣　著　黄悦生　译

出版人　刘东风
责任编辑　李凤阳　高　歌
策划编辑　海　莲　杨冰冰
封面设计　吴黛君
出版发行　陕西师范大学出版总社
（西安市长安南路 199 号　邮编 710062）
网　址　http://www.snupg.com
印　刷　涿州汇美亿浓印刷有限公司
开　本　620mm×889mm　1/16
印　张　18
字　数　141 千
版　次　2019 年 7 月第 1 版
印　次　2019 年 7 月第 1 次印刷
书　号　ISBN 978-7-5695-0694-5
定　价　59.00 元

目录

荆轲一片心

此番前去，绝无生还的希望。即使成功地刺杀了秦王，自己也会当场死于乱刀之下，绝不可能活着回来，这和特攻队[1]没什么两样。

皆白衣冠以送之……

太子丹以及其他知道此事的人都穿戴白色装束为他送行。在中国，“白衣冠”是丧服之意。他们穿着丧服，为绝无生还希望的荆轲送行。

燕国首都蓟城位于现在北京的略偏西北方。要赴秦国的话，须先南下，再向西而行。从蓟城往南，要先渡过拒马河的支流——易水。

他们把荆轲送到易水边，拜祭道祖神[2]。

《史记》原文记载：

既祖，取道。

关于“道祖神”的词源，有两种说法：一种认为来自“徂”字（即“去往”之意），另一种认为来自黄帝之子纍祖[3]。传说纍祖好远游，最后死于旅途中[4]。

道祖神的拜祭仪式是这样的：在路边堆起状如小山一般的土堆，

---

[1] 特攻队：“特别攻击队”的简称，特指“二战”中日本的自杀式袭击攻击队。——译者注（本书中若未特殊说明，皆为译者查注）

[2] 道祖神：日本村庄的守护神，来源于中国的行路神，又称“祖神”，古时“五祀”之一。所祭为谁，历来说法不一。

[3] 纍祖：又作“嫘祖”“累祖”。《宋书·律历志中》引东汉崔寔所著《四民月令》说纍祖是黄帝之子，而司马迁的《史记·五帝本纪》中则说是黄帝之妻。中国历来采用后者说法，嫘祖亦为传说中养蚕缫丝的发明者。

[4] 见注［3］。

插上菩草（一种香草）或柏枝进行拜祭；拜祭结束后，驾车从土堆和菩草、柏枝上碾轧过去。

这就是所谓的“既祖，取道”。

拜祭道祖神后经常会举行酒宴。荆轲临行前，太子丹也在易水边为他设宴送行。荆轲的好友——击筑名手高渐离、屠狗辈宋意[1]也都在场。

既知此行断无生还之望，难免令人伤感。

荆轲一向从容冷静，但其实是个容易激动之人，时常高歌以宣泄激昂的情绪。临行在即，他心中自然无比激动，身体也在微微颤抖。

“渐离，你来击筑，我要高歌一曲。”荆轲站起身，随着高渐离的击筑声高唱起来，这就是名篇《易水歌》：

风萧萧兮易水寒，壮士一去兮不复还。

为他送行的人不禁呜咽泣下。

荆轲唱至激昂处时，众人皆怒目圆睁，怒发冲冠。

“我去也！”荆轲稍作道别，随即登车而去。

——摘自《小说十八史略》第一卷《易水歌》

[1] 宋意：中国的史书中并没有宋意为屠狗辈的记载，春秋到战国末年成书的《燕丹子》中载谋士田光对燕太子丹说“宋意脉勇之人，怒而面青”，一般认为宋意为燕太子丹的门客。另外，在《史记·刺客列传》中载：“荆轲既至燕，爱燕之狗屠及善击筑者高渐离”，反而是高渐离有屠狗辈的记载。而晋人陶渊明的《咏荆轲》中则有“渐离击悲筑，宋意唱高歌”之句。

引 子

韩非子曾说：

儒以文乱法，侠以武犯禁。

儒者和侠客，都是能够撼动天下的人。

自从汉王朝将儒教尊为国教以来，儒者被吸收进了体制内。汉武帝时期的司马迁也在《史记》中写道："学士多称于世云。"这里的"学士"即指儒者。被法家学派指责为惑乱天下的儒者，地位渐渐崇高，开始被人称颂。之后的两千多年间，儒教成了为统治阶级服务的工具，维持着社会秩序和道德风化。于是，侠客们扛起了撼动天下的大旗。

儒者遵守静止之法则，而侠客依然热衷于发起运动。当世界如一潭死水般沉闷不堪时，人们心中就会涌起一股呼唤侠客的激情。当世风日下之时，侠客便应运而生了。

一提到"侠客"，大家往往会联想到武打片里的黑帮老大，其实并非如此。所谓"侠客"，是指为了救助别人而奋不顾身的人。而武打片里的黑帮老大们拿起匕首和手枪，却只是为了争夺赌场或其他不义之财。他们心中只想着自己团伙的利益，所以不配称为"侠客"，只能称为"赌徒""无赖"或"流氓"。

接下来这本书要讲述关于侠客的故事，请各位读者从最广义的层面来理解"侠客"的意思。简而言之，我想表现的是一种中国式的英雄气概。

首先从荆轲讲起，因为荆轲可谓侠客之楷模。

此篇题目“荆轲一片心”取自李贺的一首咏剑诗，诗中引用了荆轲的典故。[1]

1

一说起“刺客”，人们至今还会想到死于两千二百多年前的荆轲。

荆轲是卫国人。

卫国是周武王之弟康叔建立的国家，位于今河南省北部[2]，可谓中原的中心地区。卫国历史颇为悠久，文化也很繁荣。卫国的黎民百姓对自己国家充满了自豪感。卫国首都原先在朝歌——这里被认为是殷墟[3]，可谓中华文明发祥地之一；后来迁到了帝丘（现在的河南濮阳市）。

在中国最早的诗集《诗经》里，就有好几首描写卫国女子远嫁他乡之后深切思念故国的歌谣，例如：

> 有怀于卫，靡日不思。[4]

卫国就是这样一个令人朝思暮想的美好国家。

---

[1] 指李贺的诗《春坊正字剑子歌》，诗中有一句：“直是荆轲一片心，莫教照见春坊字。”

[2] 卫国的国土在今河南省黄河北部，河北省邯郸市及山东省聊城市西部一带。

[3] 此处或有讹误。朝歌位于河南省鹤壁市，是商王朝的首都；殷墟位于现河南省安阳市。

[4] 出自《诗经·国风·邶风·泉水》。

然而，进入战国时期，卫国逐渐衰落，到战国末期的公元前 3 世纪时（即荆轲所处的时代），它已经沦为魏国的属国。[1] 但是，公元前 225 年，魏国也被秦王政灭掉了。

秦人骁勇善战，但文化方面，在中原诸国看来却只是位于西北边陲之地的乡巴佬。战国初期，秦国进行了商鞅变法，从而走上了富国强兵的道路。这位商鞅，其实并不是秦国人，而是来自文化繁荣的卫国。

“这世道，文明竟然受制于野蛮……”

荆轲仰天长叹，随即离开卫国，周游列国。

荆轲自幼喜好读书，崇尚文明。然而，在亲眼见证了文明在武力面前的不堪一击之后，他不知道应该相信什么。

起初，他寻思着：要守护文明、重振文明的话，就必须使用敌人的武器。所谓“敌人”，泛指野蛮人，“秦国”无疑是矛头所向；至于“武器”，则有五花八门。荆轲选择了剑。

荆轲着迷似的学习剑术，周游列国与人切磋武艺。每次一听说有剑术高超者，就会不远千里登门拜访，以礼求教。然而，在练剑期间，他却逐渐对击剑产生了怀疑。

有一次，荆轲行至赵国榆次（今山西省阳曲县附近），前去拜访当地有名的剑客盖聂。

荆轲像往常一样，打算向对方请教剑术。但在正式切磋之前，他

[1] 据《史记·卫康叔世家》，昭公时期“三晋彊，卫如小侯，属之。”成侯时期“卫更贬号曰侯。”嗣君时期“更贬号曰君，独有濮阳。”怀君时期“朝魏，魏囚杀怀君。魏更立嗣君弟，是为元君。元君为魏婿，故魏立之。”故此处说，卫国沦为魏国的属国。

提出了一直困扰着自己的疑问：“以一剑击倒十人，这已经极难做到了，更何况一旦打起仗来，往往是数万、数十万人的大混战，那么剑术到底又有多大用处呢？”

盖聂听了勃然变色，心想：对方这不是在贬低我的剑术吗？此人虽然剑术高超，却胸襟狭窄。

《史记》中说盖聂“怒而目之”。他瞪着血红的双眼，大喝一声：“休得儿戏！”

荆轲低下头，悄然离去。

盖聂的徒弟劝师傅道：“师傅，何不把荆轲叫回来？听说他竟然肯出三两黄金，向晋阳的一位剑客学剑呢！”

“嗯，把他叫回来也行。不过，被我这么怒目而视，恐怕他早已经溜走了吧。”盖聂说道。

确实，荆轲已经乘马车离开驿馆。忽然，后面传来了马蹄声——有人骑马追赶上来。

春秋时期，人们并不直接骑马，而是乘坐马车；进入战国时代，塞外民族的骑马习惯渐渐传入中原，特别是在战斗中，骑马得以更加灵活地运用，而赵国正是采用骑马之术的始祖。

“荆卿！荆卿！”

在马车轮轨声和马蹄声之间，荆轲隐约听见有人呼唤自己。他停下马车，回头望去。

后面那人很快追上前来，下马自报姓名道：“在下名叫辛朔，是个习武之人。”

“哦，刚才在盖聂师傅的武馆里拜会过。”

盖聂的武馆里有数十名弟子和门客，但荆轲却记住了辛朔的容貌——浓眉大眼、目光炯炯，格外引人注目。

“刚才我确实在场。闻君之言，深有同感。”

“您是指我所说的‘剑术不适用于打仗’的拙见吧？”

“正是。在下以为，击剑的目的并不在于打仗，而在于以防万一，在危急时用来防身。”

“咦？这话可不像是出自剑客之口呀！”荆轲说道。

在战场上效力——这是剑客们向诸侯推销自己的宣传语。然而辛朔却否定了剑客的作用。稍后出现的霸王项羽也是一例。他曾因剑术不精而遭叔父责骂，但他却理直气壮地说道：“剑术至多只能用于一对一单挑，不值得学。我想学能敌万人的本领。”这是实话，但以剑术为生的剑客们却不愿承认这一事实。所以，当听到荆轲的疑问时，盖聂不禁大发雷霆，怒目而视——作为一个剑客，出现这种反应是正常的。

“在下有一薄技，想请君赐教。”辛朔说道。

“请让我见识一下吧。”

荆轲下了马车——对方欲展现自己苦练而成的绝技，荆轲自然要对此表示敬意。

附近沿路种着一排排青松。辛朔双脚开立，微微弯腰，从怀里取出一个一升大小的杯子来。他左手端着小杯子，举到胸前，右手指触碰杯壁，随即又迅速移开，同时疾速抖动右手手臂。在常人看来，就好像是辛朔的右手指被刺扎到、痛得甩动手臂一样。然而，荆轲毕竟是习武之人，目光如炬，一眼就看出辛朔的手臂上凝聚了浑身的力气。

“高！”荆轲喝彩道。

辛朔不为所动，只是重复着同一动作：手指一触碰到杯壁，手臂就像痉挛一般地抖动起来。

荆轲暗自数着——一共是十六次。

之后，辛朔才停下来。他的左手仍然举到胸前，端着杯子，但这杯子已经面目全非了——现在的高度只有原来的一半。

荆轲向道路对面的松树望去，只见树干上插着一排木钉。木钉长约五厘米，间距相等，整整齐齐地排列着。

刚好十六根。

荆轲深知这项绝招的意义——看似简单的容器，其实是由锋利的木钉做成的暗器。木杯是随处可见的寻常之物，所以别人很难发现其中的玄机。

“此技甚妙。”荆轲叹道，“为了制作这个杯子，您一定费了很多心思吧。”

“此物实为家兄所制，在下只是专门苦练其技法。”辛朔答道。

“噢，原来这项绝技是两兄弟分工合作的呀。我这个习武之人，今天真是大饱眼福啊！”荆轲甘拜下风地说道。

“即便手无寸铁，也能以此防身。”

辛朔轻描淡写地说着，脸上没有一丝炫耀的神色，气息也丝毫不乱，看不出刚刚经过一番激烈运动。

“这项绝技确实不适用于打仗……”荆轲感慨不已。

荆轲天性喜怒不形于色，所以当他看见盖聂发怒时，就立刻离开榆次，免生争端。但他此时却激动得浑身发抖。

辛朔迅速拔下那十六根插在松树上的木钉，四根一组地安放回杯子四周。那个杯子便恢复了原状，表面光滑如初，毫无拼接痕迹。

“荆卿，就此告辞吧。后会有期！”

辛朔说完，翻身上马，沿着来路直奔而去。

2

剑客，往往争强好胜，特别是当自己遭受侮辱之时。

然而荆轲却不喜欢作无谓的争斗，从上述主动退避一事便可窥见一二。在他看来，习武的目的是守护文明。

另外，还有一则逸闻。

荆轲曾赴赵国首都邯郸。期间，与鲁勾践“博戏”[1]。顾名思义，“博戏”是一种赌博游戏，但在宋朝时绝迹，具体的规则也已失传，只知道大概是以六支箸为骰子来决定行棋步数——大概类似于今天的“双六”。

在游戏过程中，两人发生了争执。

据《史记》记载：

> 鲁勾践怒而叱之，荆轲嘿而逃去，遂不复会。

鲁勾践性格急躁，好胜心很强，很可能在大庭广众下怒斥荆轲。被当众斥责对剑客而言是奇耻大辱，然而，荆轲却默不作声地逃跑了。若是血气方刚之人，恐怕早就一脚踢飞棋盘，抓住对方胸襟撕打起来了吧。

荆轲离开赵国后，来到燕国。

---

[1] 博戏：中国古代民间的一种赌博游戏，始于何时已不可考，据《史记》等资料的记载至少在殷纣王时期就已出现。据《颜氏家训·杂艺》所载，博戏又分大博和小博，大博已不可考，小博在《古博经》里有较为详细的记载。

战国时，燕国与辽东、朝鲜通商交流，是一个富裕的国家。20世纪的考古学家在赵国首都邯郸挖掘出了燕国的货币。由此可知，当年燕、赵两国商人的贸易也十分频繁。

当时，燕国有一位名叫田光的侠义之士，常助人为乐。

田光是处士——所谓“处士”，是指虽有才学却不愿做官的人。在那个为做官而读书的时代里，处士可谓是怪人了。将其视为浪人[1]似乎也无不可。然而，田光门下养了众多门客，显然不是穷困潦倒的浪人。

荆轲在田光的府中住下，田光对其礼遇备至，可谓慧眼识人。

荆轲身居豪宅，衣食无忧；还在这里结识了莫逆之交——一位是击筑名手高渐离，另一位是从事屠宰业的宋意。

虽然现如今动物保护协会的人会感到愤怒，但在那个时代，人们以狗肉为食是相当普遍的。《礼记》这本书记载了周代的礼仪风俗，里面就提道：天子在秋季试尝新谷之时须以狗肉为副食。顺便说一下，据《礼记》所载，大腿内侧没毛的狗性情狂躁，其肉腥膻不可食。

这位与荆轲交好的宋意便是以屠狗为业之人，人称“狗屠”。

荆轲每日与高渐离、宋意结伴饮酒于闹市中。高渐离击筑，宋意手打拍子，荆轲歌以和之。兴之所至，三人一齐放声大哭。可见他们彼此意气相投，悲欢与共。

荆轲之所以哭泣，是因为他隐约感到自己身负重任，却不知道究竟要做什么。

高渐离听着荆轲的歌声，感受到他内心的激情，不禁为之落泪；对荆轲仰慕无比的宋意，自然也能体会到他的情感起伏；而主人田光同样很理解荆轲。

---

[1] 浪人：日本武士社会时期，离开主家而四处流浪的武士。

因此，对于荆轲而言，燕国首都无异于乐土。

然而，荆轲却担心安逸的生活会使人乐而忘忧，便时刻提醒自己：这日子过得太安逸了……他竭力以悲壮感来武装自己，借慷慨悲歌以使松懈的精神振作起来。

有时候，荆轲的情绪突然变得激昂，即使高渐离和宋意也没有觉察到。

某日，三人仍旧在燕市击筑而歌，歌声里并未流露出丝毫悲伤，荆轲却潸然泪下。

高渐离皱着眉头，问道："为何而哭呢？"

宋意也觉得很纳闷儿，面露不满，因为他发现自己所仰慕的友人竟暗藏心事，而且并没有告诉自己。

"没什么，我只是忽然想到了一个老朋友而已。"荆轲答道。

他看着高渐离击筑的样子，想起了辛朔——辛朔的兄长应该能用木钉组装成筑吧。不！甚至还能在击筑的竹尺上做些手脚。辛朔拿着这样的竹尺，或许能做出一番惊人之举。

想到这里，荆轲不由觉得眼眶一热。

某日，荆轲所投靠的"布衣大侠"田光接待了一位名叫鞠武的朋友。

鞠武司职太傅，是燕国太子的老师。

鞠武说道："太子说想召见你，商讨国事。"

"谨遵命。"田光答道。随即前往太子宫中。

当天深夜，田光面容憔悴地回来了。他以剑代杖，步履蹒跚地迈入荆轲房中，俯身低语道："现有一事相求。"

荆轲朗声答道："一直以来，先生待我不薄，而我无以为报。每念及此，甚感羞愧。先生但有吩咐，荆轲在所不辞！"

3

于是田光将事情的来龙去脉告诉了荆轲。

燕国太子名丹，从小作为人质，居住于赵国首都邯郸。

中国的战国时代，弱小的国家会将太子送到大国当人质，以保证绝无谋反之心。

秦始皇之父秦庄襄王还是太子时，也曾被送往赵国当人质。[1] 邯郸商人吕不韦在这位名为异人的公子身上看到有巨大的利益可图，就无微不至地照料他。对于吕不韦而言，这一投机之举就像在赛马场买彩票时给一匹黑马下注一样。

某日，公子异人（或许当时已更名为子楚）遇见吕不韦的爱妾，被她的美貌迷住，恳请吕不韦将她让给自己；当然，也有人认为是吕不韦主动献上的——总之，公子得偿所愿。之后，这位爱妾生下儿子，取名为“政”，即为后来的秦始皇。其实，她在被送给后来的秦庄襄王之前，就已经有身孕了。所以，秦始皇实际上是吕不韦的儿子，不能算是秦国王族血统的继承人。[2]

---

[1] 据《史记·吕不韦列传》载，秦庄襄王本名异人，后改名子楚，早年被送往赵国当质子时，尚不是太子；在邯郸期间，由于吕不韦和华阳夫人的运作，得以被父亲安国君立嗣。

[2] 关于秦始皇的身世，史学界向来有争议。根据《史记·秦始皇本纪》所载：“秦始皇帝者，秦庄襄王子也。庄襄王为秦质子于赵，见吕不韦姬，悦而取之，生始皇。”秦始皇的生父应为秦庄襄王；而根据《史记·吕不韦列传》“吕不韦取邯郸诸姬绝好善舞者与居，知有身……乃遂献其姬。姬自匿有身，至大期时，生子政”记载，秦始皇的生父当为吕不韦。本书中，作者采用后者的观点。

秦始皇就是这样诞生于赵国首都的，其身份原本是人质之子。而燕国太子丹也在同一时期被送往赵国当人质。因年纪、境遇相似，这两个孩子在当时颇为要好。

数年后，秦庄襄王驾崩，年仅十三岁的政当上了秦王。

当时，日渐强盛的秦国按战国时期的惯例，让燕国送人质过来。燕国考虑到太子丹是秦王的儿时好友，就送他前往秦国当人质。然而，秦王却对这位儿时好友极其冷淡。

太子丹不由心生怨恨：这家伙，自己明明也当过人质，却对其他人质没有丝毫同情心，反而如此冷酷无情，尤其是对我这个老友……太子丹越想越气，内心积怨与日俱增。

身为饱尝辛酸的人质，通常会养成两种性格：一种是变得老练圆滑，另一种是变得爱记仇。当然，这两种性格合而为一者也并不少见，例如德川家康[1]。而燕国太子丹可算是后一种的典型。

后来，太子丹终于逃出秦国，回到燕国。从那以后，他的心中就只有一个誓愿：向秦王政复仇。

当时，秦国势力如日中天，大有吞并天下之势；而燕国则恰恰相反，日渐衰微。两国的国力相差悬殊。按常理来说，太子丹的愿望是无法实现的。

战国末期，秦国连年出兵伐齐、楚、三晋（魏、赵、韩三国），蚕食各诸侯国领土，不断逼近燕国边境。燕国君臣无不战战兢兢，唯恐大祸将至。

燕国朝臣多是议和派、妥协派；而太子丹则属于最激进的主战派，

---

[1] 德川家康（1542 ~ 1616 年）：日本德川幕府第一任将军，江户时代的开创者。

他对秦王恨之入骨，千方百计地想要报一箭之仇。但秦国已经成为超级大国，若与之正面对抗的话，燕国只能自取灭亡。

侍卫长鞠武虽然时常在旁相劝，但长期侍奉太子丹左右，自然明白太子对秦王的深仇大恨，并愿意尽己之力助太子复仇。当然，复仇之路极其凶险，这是显而易见的。

当时，秦国有个名叫樊於期的将军，因触怒了秦王而逃到燕国。太子丹将其收留于自己宫殿里，就当是向秦王出了口恶气。然而，这一举动十分危险：倘若不尽快把樊将军驱逐到匈奴去，残暴的秦王就会以此为借口派大军攻打燕国。窝藏樊将军之举无异于投肉引虎——这一论调在燕国朝臣中占了上风。

但太子丹对此深感遗憾："樊将军已无容身之地，所以才来投奔于我。我怎能因慑于强秦之威就见死不救，把这位可怜的友人驱逐到匈奴去呢？只要我还活着，就绝不应允！若各位决意赶走樊将军，就先把我杀了再说！"太子丹歇斯底里地表示反对。

见太子丹如此意气用事，燕王以及群臣都无可奈何。

鞠武提议，若要向秦国复仇，燕国只有唯一的策略——西边与三晋结盟，南边联合齐、楚，北边与匈奴单于议和，联合起来共同对付秦国。当然，这也是个平庸至极的策略。

太子丹听后，面露不满地指出："旷日持久，徒费时间而已。"这一策略过于烦琐，而秦国的日益强盛让他深感焦虑，所以希望能找到速战速决、立竿见影的计策。太子丹说道："我只恨秦王一人，而非秦国。所以，起死回生之法唯有祭出奇招——行刺。"

鞠武无奈地回答说："这种奇招不是寻常人所能胜任的。我看满朝文武百官，无人能当此大任。不过，我倒知道燕国有一位田光先生，身为处士，沉着勇敢，足智多谋。若要谋大事，除了此人之外，恐再无第二人！”

“那就让我和田光先生见一面吧！”太子丹说道。

以上就是鞠武登门拜访田光，并带他前往宫中与太子丹会面的来龙去脉。

田光说到这里，打住话头。

荆轲问道：“那么，先生是如何作答的呢？”

其实，聪明的荆轲早就猜出了田光的来意：一定是让自己替他前往行刺，或者是让自己作为助手同行。

田光深吸了一口气，答道：“我对太子说，请看看我满脸的皱纹和花白的胡子……”

却说田光来到太子宫殿时，太子丹特意出来迎接，以“却行”之礼为其带路。所谓“却行”，就是倒退着行走。为贵客带路时，不可将臀部向着对方，只得采取如此别扭的走法，这是最高规格的接待礼仪。不仅如此，太子丹还跪着为田光拂去座席上的灰尘。

田光本是侠义之士，既然身受如此优厚的礼遇，那自然要舍命回报太子。然而，他已经上了年纪了。

田光说道：“骐骥名马年轻时，一日能驰千里；但它衰老之后，连驽马都不如。太子恐怕只听说过我年轻时的事，却不知道我如今已经精力衰竭了吧。我已垂垂老矣，无力再为国事而操劳。所以，我想向太子推荐另一位人选。”

他说出了荆轲的名字。

“果然……”其实荆轲早有所料。

田光目不转睛地盯着荆轲的双眼，询问道：“我已向太子推荐了你。你可愿意为我前往太子宫殿？”与其说是询问，不如说是叮嘱。

“当然愿意。”荆轲立刻回答道。

“对了，”田光的嘴角露出微笑，一边倒退着行走，一边说道，“我临行告辞时，太子也是以此‘却行’之礼将我送到门外，并对我说：‘今日你我所说的话都关乎国家大事，请勿外传。’……哎呀，万一有人怀疑我田光泄露机密的话，岂不是有损我侠义之名声？……荆卿啊，现在就请你去一趟太子的宫殿，告诉太子：田光已经不可能泄露机密了，因为……”

“啊！”荆轲失声惊呼。

只见田光退到门边，突然拔出手中拄着的剑，往喉头上一抹，割下自己的头颅。

荆轲的脑里忽然闪过一个念头：此刻，如果像辛朔那样身怀绝招，就能发射木钉击中田光的右手，阻止他的行动了……

一道血柱猛地喷射出来，染红了白木门板……

田光彻底地守住了秘密。

4

太子丹听说了田光的死讯后，流泪说道：“唉，正因我太想做成这番大事，才不经意间叮嘱说请勿外传，想不到田先生却以死来保守秘密。这绝非我的本意啊！”

过了一会儿，太子丹从座席起身，向荆轲点头行礼，然后开始说出自己的计划：“燕国纵然举国抗战，也无望战胜强大的秦国；而且，各诸侯接二连三地向秦国投降，即便想采取攻守同盟之策，也找不到可以结盟的国家。既然事已至此，如今只能考虑采取非常规手段——招募天下无双的勇士出使秦国，效仿当年曹沫挟持齐桓公归还侵占的土地。”

曹沫是鲁国的将军，曾率兵与强大的齐国交战，三战而三败。但鲁庄公却并未免去其官职。后来，在齐、鲁两国和谈会盟席间，曹沫执匕首胁迫齐桓公，让他归还了侵占鲁国的土地。

这是发生在公元前681年的事[1]，距荆轲所处的时代已经过去四百五十多年了，但曹沫仍然作为勇士被人们世代传颂。太子丹正是想让荆轲像曹沫那样祭出奇招。

他接着说道："秦王如果拒绝归还诸侯的土地，就将其刺杀。何况秦国诸将大多连年出征前线，到时候其国内必定大乱；如果我们趁此时机向各诸侯提议结盟，就一定能打败秦国。长期以来，我一直在寻找能当此大任的勇士。荆卿，请你好好考虑一下。"

从理论上来说，这个办法还是行得通的，就是要出奇制胜。然而究其根本动机，不过是出于对秦王的刻骨仇恨。所谓的"趁独裁者秦王遇刺身亡之机，呼吁各诸侯联合抗秦"，其实只不过是给这种"仇恨"涂脂抹粉而已。

荆轲先是婉言推辞："在下愚钝如驽马，恐难当此任。"

当然，这句自谦之词不过是一句礼节上的客套话而已。田光已经为此而抛头颅，自己又岂有拒绝之理？荆轲来宫殿面见太子丹之际，就已经下定了决心。

荆轲推辞一番之后，最终答应下来。于是当即被封为上卿，赏赐豪宅。

此后，太子丹每日登门慰问，赠送美食财宝，并赏赐车马美女——对即将赴死之人，当任其尽情欢度余生。荆轲也并没有推辞。

[1] 即春秋时期鲁庄公十三年的"柯地之盟"。

不久，秦军大破赵国，俘虏了赵王迁[1]，与燕军对峙于易水两岸。秦军将领是素有“猛将”之称的王翦。

某日，太子丹对荆轲说道：“秦军随时会横渡易水，攻打过来。到时，我想再厚待你也没有办法了。”这无异于催促。为了实施刺杀计划而雇来的勇士，怎么能因为沉迷于酒色而丧失志气、贪生怕死呢？于是太子丹就以这种间接的方式催他动身。

“我一直在考虑此事。就算您没有发话，我也打算进宫拜见，说明我的想法。”荆轲回答道，“现在，即使任命我出使秦国，秦王也未必肯接见我；甚至，连踏入咸阳（秦国首都）都并非易事。如此一来，就根本没有机会行刺。我费尽思量，想寻找一个计策，让秦王一定会接见我。”

“那你想到什么妙计了吗？”

“嗯，想到了。如果能献上两件东西，秦王一定会接见我。”

“这两件东西是什么呢？”

“樊於期将军的首级和督亢地图……”

“啊！这……”太子丹大惊失色，“这可不行！樊将军走投无路，才来投奔于我，此事万万不可……荆卿，请再想想别的办法……对了，督亢地图倒是可以拿去……”

“我明白了。既然太子有令，那我就再考虑一下，看还有没有别的办法。”

荆轲嘴上这么回答，但他心里很清楚：要想得到秦王接见，这两件东西缺一不可，没有任何回旋的余地。

[1] 赵王迁：生卒年月不详，史称赵幽缪王，公元前 235 ~ 前 228 年在位，为战国时赵国的末代君主。

督亢位于今河北省涿州市东南方，是燕国首屈一指的膏腴之地，献上此地的地图，就表示愿意割让这片土地。而樊将军深受秦王忌恨，被悬赏黄金千斤、封邑万户以取其首级。也正因为如此，太子丹才越发固执地想要保护樊将军。

荆轲悄悄地前去拜访樊将军。

“秦王诛杀了连同你父母在内的一家老小，如今又重金悬赏欲取你首级。对此，你有何打算呢？”

樊将军仰天长叹，流泪回答道：“我正因为不知如何是好，所以才每日积怨、痛入骨髓啊！”

“我有一计，可为燕国除去大患，同时还能为你报仇。”

“愿闻其详。”樊将军探出身子。

“如果能带上你的首级，作为礼物献给秦王，秦王一定会欣然接见我。到时，我左手一把抓住他的衣袖，右手用匕首刺向他胸膛……樊将军意下如何？”

“噢！”樊将军咆哮道，“好呀，好，好，就该如此！在下日夜咬牙切齿，煞费苦心，现在终于知道该如何做了！”

说完，他猛地捋起衣袖，拔剑自刎。

督亢地图，荆轲早已得到允诺，樊於期又献上了自己的首级，这“两件东西”就备齐了。

随后，太子丹暗中四处物色利器。然而，如今又有一道难题摆在他们面前。

依秦律规定，不要说外国使节，就连本国大臣都不允许携带兵器上殿。那么，利器如何能够避开搜查呢？恰好督亢地图是卷轴，荆轲他们就制订出这样一个计划：在秦王面前慢慢展开地图，至尽头时，抽出事先藏在其中的匕首，刺杀秦王。

太子丹终于以百金求得一把名剑——“徐夫人匕首”。

所谓“徐夫人”，有人说是这把短剑的原女主人之名，也有人说是姓“徐”名“夫人”的男铸剑师，还有人说“夫人”是“工人”之笔误。

总之，这把匕首非常锋利，尺寸大小刚好能藏进卷轴里。

太子丹又令人在匕首的利刃涂上毒药，只要在人身上划出细丝一般的伤口，剧毒就会立即散布全身。此法曾在死囚犯身上试验多次，结果无一不中。

5

万事俱备。

但荆轲仍未动身。他还在等人。

辛朔的住处终于找到了，他住在很远的地方。荆轲派人去请他来相见。辛朔回了一封信，说他也颇为想念荆轲，盼望重聚叙旧。

太子丹催促甚急。荆轲只是回答说：“我还在等人。”

太子丹提出让一个名叫秦舞阳的勇士给荆轲当随从，荆轲却拒绝道：“带上这样的毛头小子，往往败事有余。”

“秦舞阳”之名是《史记》中的记载，在《战国策》里则记作“秦武阳”。此人十三岁时就杀过人，素有勇猛之名，但在荆轲眼里，却不过是个缺乏胆量的毛头小子而已。秦舞阳年少气盛，他为了无愧于勇猛之名，经常故意做出逞强之事。荆轲最终还是迫不得已地带上了这个毛头小子。

几天后，辛朔出现在荆轲面前，却与从前判若两人：他脸庞消瘦，身躯也似乎瘦了一圈。从他身上，已经看不到一丝当年在松树林荫道上的飒爽英姿。

“荆卿，好久不见……嘿，你如今是一表人才呀……”说着说着，辛朔突然打住话头，抽泣起来。

“辛君，你怎么啦？”荆轲问道。

“我辛朔如今已是个废人……噢，没错，我的武功也废了。”

“这是怎么回事呢？”

“家兄去世了。没人再会做那种木制暗器了……而我手头上的杯子，也已经在上次的战乱中用完了……”说到这里，辛朔又泣不成声。

辛朔全身心地苦练木钉暗器绝技，却从未想过这项技艺成败的关键在于制作人。如今，唯一的制作者——其兄长——一死，作为无人模仿的独门技艺，使用者又该如何是好呢？所以，当意识到这种暗器已经永远失传时，辛朔的沮丧之情无以言表，最要命的，是在精神上备受打击。

“请在寒舍好好休息吧。”荆轲只得如此安慰道。

其实，他自己也非常失望——本来，他还打算把那木钉暗器设置在督亢地图的盒子，或装着樊将军首级的木桶上。这样，荆轲用藏在地图卷轴里的徐夫人匕首，辛朔用可怕的木钉暗器，两人联手出击，要取秦王性命则易如反掌。

“不能只考虑结果成败。”荆轲努力说服自己。

这事必须有人去做。自己身为守护文明的战士，去刺杀代表着野蛮的秦王，无论结果成败，重要的是去做，而且要将此事流传于后世。在文明的历史中，有无这段逸事，将会是天壤之别——荆轲对这一点深信不疑。

荆轲心想：太子丹也许只是纠结于个人私怨。但他这种报复心，却和自己信仰文明的信念奇妙地结合在一起，这简直就是天意。

如此看来，自己曾寄予厚望的辛朔的暗器绝招已失传，也不过是区区小事。不必拘泥于细枝末节。

荆轲当即来到太子宫中，禀告说：自己即将携秦舞阳前往秦国都城。

当天，众人皆身穿白衣，到易水边为荆轲送行。白衣装束是丧服，荆轲此行是身赴死地，他原本就没打算活着回来。

易水送别，是历史上非常著名的一幕。

堆土，插上菩草，以其为神体摆设祭坛，献上供品——这是拜祭道祖神的仪式；然后举行送别宴会。

荆轲的挚友高渐离击筑，荆轲和而歌：

风萧萧兮易水寒，壮士一去兮不复还。

开始时，用充满悲凉感的“变徵”之声起唱；而后则变成了慷慨激昂的“羽声”。

在场众人皆怒目圆睁、怒发冲冠。

站在最后一排的宋意突然放声大哭，挥拳猛砸河岸沙滩，一边连声喊道：“我受不了啦，受不了啦！”

然而，最不堪忍受的应该是辛朔吧——自己的绝技曾被荆轲寄予厚望，但自己辜负了他。辛朔恰巧也站在最后一排，身边无人相识。他静静地呆立在众人之后，只是热泪盈眶，最终也没有哭出声。

送别宴会一结束，荆轲就登车直奔秦国，再没回头。

到秦国后，荆轲按计划行事：给秦王宠臣蒙嘉送上价值千金的重礼，请其从中斡旋谒见秦王之事。

秦王同意接见他。

荆轲心中豁然洞开。

“荆轲一片心”——唐朝诗人李贺曾以“荆轲之心”来比喻名剑的凛冽寒光。

至于刺杀行动失败的缘由，史书上有详细记载。

秦王身穿迎接尊贵国宾的礼服，接见两位使者。

荆轲拎着装有用盐腌过的樊将军首级的木桶，秦舞阳举着装有督亢地图的盒子，在众目睽睽之下应诏上殿。当两人走到秦王殿前的台阶时，秦舞阳突然脸色大变，浑身发抖——这位据说十三岁就杀过人的“勇士”，果然还是难堪大用。

群臣见状，觉得十分诧异。

荆轲从容地说道：“这小子是北藩蛮夷出身的乡巴佬，从未觐见过天子，所以害怕得浑身哆嗦，有碍尊目。还请大王稍加容忍。”

秦王见到樊於期的首级，无比欢欣，也就没太在意。人的憎恶之情，真是深不可测。

接着，荆轲向秦王献上地图。秦王慢慢地展开卷轴。

图穷而匕首见。

《史记》以如此简洁的一句话来描写这个惊心动魄的场面。

荆轲右手抓起徐夫人匕首，左手抓住秦王衣袖，用尽全力刺去，但剑身太短，刺不到对方身体。

秦王大吃一惊，连忙往后退，被抓住的衣袖撕裂了。荆轲那汗涔涔的指间，只是徒然地捏着一块破布。

秦王欲拔出长剑来防御，但一时慌张，拔不出来。

可以持剑上殿的，只有秦王一人。然而，在这生死关头，剑却偏偏拔不出来。秦王抓住剑鞘，心焦如焚地拔剑，但越焦急就越是拔不出来。

秦王绕着柱子躲避。荆轲在后面追逐。

群臣想上前制伏荆轲，无奈手无寸铁，敌不过手持利刃之人。

在秦王性命危急之际，御医夏无且用药囊掷向荆轲。荆轲被击中眼睛，稍一迟缓，秦王溜走了。

左右群臣高喊："王负剑！"——把长剑背到背上，就容易拔出来了。

秦王依言拔出了长剑。

如此一来，长剑对匕首，自然占了上风。

秦王挥剑砍断了荆轲左腿。

荆轲倒地，将匕首掷向秦王。

秦王闪开，匕首扎在宫殿柱子上。

秦王朝已经手无寸铁的荆轲连砍八剑。

浑身受伤的荆轲倚着柱子，箕踞而坐，骂道："我之所以失手，是因为想活捉你，逼你归还土地……"

秦王挥剑从荆轲的前额砍下去。顿时鲜血直流，流进了荆轲眼睛。[1]

一切都结束了。

"我命休矣……"荆轲闭上了眼睛。

在这一瞬间，他心想：也许早在几千年前就已经注定，这座金碧辉煌的宫殿将会成为自己的殒身之地。

[1]《史记·刺客本记》中载："于是左右既前杀轲。"

6

据《史记·秦始皇本纪》所说，荆轲最后被“体解”。

“体解”，即肢解之刑。因为荆轲在殿上已死，所以对其尸体实施此刑。

秦王为遇刺之事而震怒，命令将军王翦攻打燕国。

五年后[1]，燕国灭亡。

翌年，秦国统一天下。秦王政自称“始皇帝”，即历史上鼎鼎大名的秦始皇。

据《史记·刺客列传》记载，燕王为了平息秦王的怒气，杀死太子丹，献其首级；但《史记·秦始皇本纪》里说：秦王发兵攻打燕国，得太子丹之首级。

即使不派刺客行刺，燕国早晚也会被秦国所灭吧。

不过，假如荆轲的匕首刺中了秦王身体，历史也许会为之改变。

秦国统一天下之后，始皇帝到处搜捕太子丹和荆轲的余党。因此，荆轲的好友高渐离乔装打扮，隐姓埋名，藏身于一个叫宋子的地方给别人家当仆役。

然而，他的名声却渐渐传开了——大家都知道他是个击筑名手，经常邀请他去演奏。

每当他击筑的时候，听者无不落泪。

---

[1] 即公元前 222 年。

这事终于传入秦始皇耳朵里，高渐离被召唤入宫。

不料宫中竟有人认出他来，知道他是荆轲的好友。他的身份终于暴露了。

秦始皇很欣赏高渐离的击筑才华，因此没有处死他，只是令人刺瞎了他的双目，仍时常召其进宫来演奏。

某日，高渐离往筑里灌铅，趁被召至秦始皇身旁时，突然抡起筑向始皇帝砸去——他想为荆轲报仇。可惜并没有击中秦始皇。

结果，高渐离被处死了。

这位高渐离，可谓侠义之士矣。

从此以后，秦始皇就不再让其他国家的人近身了。

荆轲的故事，充满了血腥之气——在赴秦行刺之前，已有田光、樊於期自杀；而后，主角荆轲行刺失败，太子丹身亡，连好友高渐离也惨遭诛灭。

简直悲惨之至。

唯一令人欣慰的是，如同废人一般的辛朔，为荆轲的壮举所感动，尤其是在易水送别时深受震撼，决定重新振作起来，做一个有用之人。

后来，辛朔发奋钻研铁制飞镖的技法，自成门派。

因为他是在荆轲临行前才初入燕国，所以没什么人知道他是荆轲余党；荆轲也从未向别人透露过曾与辛朔来往之事。所以，秦始皇追查余党时并没有牵连他。

辛朔因此得享天年，一直活到汉初，亲眼见证了秦朝的灭亡。

他时常把年轻人聚集在一起，讲述荆轲的事迹，却从未提及自己。也许，他隐隐约约地意识到：正是因为荆轲看见自己在松树林荫道上一展木钉暗器绝技，从此才疏于练剑，最终导致秦宫行刺的失手。

据说，辛朔晚年曾多次训诫儿孙们：“人专心做一件事时，技艺是最精湛的。但这并不意味着人只能做这一件事。”

《史记》中也有如下记载：

鲁勾践听闻荆轲的壮举之后，慨叹道：“唉，我时常为他疏于练剑而感到可惜。不过，回想当年，和他下双六棋发生争执时，我曾怒斥他……我真是太没有眼光了。想必他当时很瞧不起我吧。”

至于从前常与荆轲在燕国闹市中开怀畅饮的那个宋意，后来命运如何，却不见任何史书记载。

即便在悠久的中国历史长河中，秦始皇也是一位极具争议的人物。因而荆轲刺秦王之悲壮，也就格外引人注目。

荆轲的“一片心”，永远留在了一代代中国人的心里。

陶渊明的《咏荆轲》，结尾几句是这样的：

> 惜哉剑术疏，奇功遂不成。
>
> 其人虽已没，千载有余情。

孟尝君的门客

孟尝君出生于五月五日。

秦国群臣中有人认为：孟尝君的生辰不吉利，此人不可任用。

在古代中国，这一天被认为是一年之中最不吉利的日子。因为阴历五月正值炎夏，火势旺盛；再加上五日为午日，火势更旺。物极必反，此为凶兆。这大概有点儿类似于日本的“丙午年”[1]吧（但中国并没有这一迷信说法[2]）。据说，五月五日出生的小孩，长到和门一样高时，会加害于父母。[3]

孟尝君出生时，他的父亲下令说：“把这孩子扔掉！”

但孟尝君的母亲偷偷地把自己儿子抚养大了。

且说，孟尝君来到秦国都城之后，并不是悠闲地等待秦王指示，而是暗中派人打听秦宫中的各种情况——随行的家臣中，有擅长探听消息的高手。

探子回报：“情况好像不太妙。”

如果任用孟尝君一事被否决的话，那麻烦可就大了：按照战国时期的规矩，不能为己所用的人才，就要杀掉，以防为别人所用。

对于孟尝君来说，此刻无异于生死关头。

后来，探子带回来一个更坏的消息：秦王决定软禁孟尝君，然后

---

[1] 按日本迷信说法，丙午年火灾多发，而且丙午年出生的女性属于克夫之命。

[2] 中国古代也有关于“丙午年”为大灾年的说法。如南宋洪迈所著《容斋随笔》第十卷第十一则“丙午丁未”条目中，就载有“丙午、丁未之岁，中国辄有变故，非祸生于内，则夷敌外侮”之句；此外，同样的说法也见于其他古籍，如北宋柴望所著《丙丁龟鉴》。

[3] 汉代（包括汉代）之前，民间普遍将五月五日视作恶月恶日，有“不举五月子”之俗。因为当时的人认为，这一日出生的孩子长大后“将不利父母”。

把他杀掉。

他们的客栈已处于秦兵监视之下，应该如何是好？

在独裁君主制下，万事都由国君一句话说了算。所以，向秦王求饶应为上策。

但派谁去说服秦王呢？

秦王最听谁的话呢？

据说，当时秦昭王非常宠爱一个名叫“幸姬”[1]的女人，对她的话大都言听计从——这一消息也是孟尝君手下的探子打听来的。

“好嘞，那就请孔路去幸姬那里跑一趟吧。”

孔路是能言善辩之人，他不光能晓之以理，更擅长动之以情。

——摘自《小说十八史略》第一卷《鸡鸣狗盗》

[1]《史记·孟尝君列传》载：“孟尝君使人抵昭王幸姬求解。”此处“幸姬”应泛指秦昭王宠爱的姬妾，并非指具体的人名。

1

“把这孩子扔掉！”父亲下令说。

母亲却暗下决心，要把经历了难产之痛才生下来的孩子养大，而且要让他成为有出息的人。当然，为今之计，表面上必须装作遵从命令的样子。

“遵命。”她回答道。

她名叫阿宽。而这个婴儿，日后就是以“孟尝君”闻名天下的人物。

为什么父亲要丢弃自己的孩子呢？

按迷信说法，五月为凶月，五日为凶日。当时的人认为，五月五日出生的孩子不吉利，会危害到父母，所以必须丢弃。我们不能用现在的观念来揣测两千多年前人们的心理。总之，很多人对此说法深信不疑，将当日出生的孩子统统弃之不顾。

孟尝君便是出生于命途注定多舛的五月五日。

当时是公元前 3 世纪。这一迷信后来还延续了很长时间。

汉代名臣胡广也是出生于五月五日，据说他一生下来就被装进葫芦、扔到河里。葫芦切成两半后可以当勺子用，估计他就是这样被放入其中的吧。也正因此，他才侥幸存活下来，所以后来取“胡”为姓。[1]

---

[1] 胡广（91 ~ 172 年）：字伯始，东汉时期重臣、学者。关于他的传说见于《太平御览》引南朝宋刘义庆所编纂的《世说新语》：“胡广本姓黄，五月生，父母恶之，乃置之瓮，投于江湖。翁见瓮流下，闻有小儿啼声，往取，因长养之以为子，登三司，流有中庸之号。”但此说不见于流传本《世说新语》及《后汉书》。

北宋的徽宗皇帝（1100～1126年在位）也是出生于五月五日。因忌讳这个日子，还特地把生辰改成了十月十日[1]。

且说母亲阿宽对外假装扔掉了这个孩子，暗中却将其抚养长大。

孟尝君的父亲姓田名婴，是齐宣王的弟弟(同父异母)。齐宣王时期，田婴出任齐国国相。齐宣王死后，齐湣王时期，田婴受封于今天山东省濮县东北部的薛地[2]，世称“靖郭君”。

这位“靖郭君”田婴，除了孟尝君之外，还有四十多子。顺便提一句，当时说到“子”的话，是不包括女孩子的。

田婴既然身为王族，后宫佳丽虽无三千人，但几百人还是有的吧。孟尝君之母阿宽就是其中一人。《史记》中把她记载为“贱妾”。可见她非但不是正室，即使在众多侧室中，也属于身份低微之人。她偷偷把孩子养大可谓难于登天，因为这相当于违背了主公之命。靖郭君田婴是王族，是领主，身为贱妾的阿宽想要称其为“夫君”都是不允许的。田婴的吩咐即为主公之命。如果违背主公之命，则属于大不敬之行为，是要被杀头的。

与阿宽同为侍妾的同伴中也有人鼓励她：“好好抚养孩子，我们会支持你的。”

---

[1] 此说见于南宋周密《癸辛杂识后集》：“徽宗亦以五月五日生，以俗忌改作十月十日为天宁节。”亦有清人赵翼《陔余丛考》所说：“宋徽宗五月五日生，改天宁节于十月十日，终有五国城之厄。”

[2] 《史记·孟尝君列传》中载：“宣王卒，湣王即位。即位三年，而封田婴于薛。”但诸家考证，普遍认为田婴封薛不在齐湣王时期。关于田婴封薛的具体时间，主要有三种说法：1.齐威王（田婴之父）三十六年，此说见于《辞海·战国纪年表》；2.齐宣王二十二年，持此观点的代表为梁玉绳（但《史记》与《辞海战国纪年表》中一致记载宣王十九年卒，皆无二十二年之说）；3.齐威王时期，代表为清代学者阎若璩。

对于这些漂亮话，阿宽并没有掉以轻心：一旦彼此发生利益冲突，这些人说不定随时会变成告密者。

要想不让别人知道，最好是把孩子藏在山里头养大，这样会省事得多。但如此一来，就没有意义了。因为，阿宽希望儿子将来能出人头地，而且是作为靖郭君之子，堂堂正正地闻名于世。如果藏在山里头，即使能避人耳目，可日后这孩子一旦出现在世人眼前，就会不可避免地招来质疑：“谁知道这小子是不是当时那个孩子呢？”

所以，阿宽打定主意：要让大家承认这是主公之子，同时还得瞒过主公本人。也就是说，只瞒着田婴一人，而让周围的人都知道。因此，在这样的环境中把孩子养大是不二之选。

为此，就必须把薛地的人全都拉拢过来。

这有可能做到吗？

阿宽对每个人都恭恭敬敬的，绝不做招人反感之事。

当然，仅仅得到别人的同情和好感，还远远不够。她认为，还需要给“封口费”。

正如《史记》中所记载的“贱妾”一样，她出身于低贱之家。所谓“低贱”，仅仅指身份。战国末期，身份固然颇受重视，但名声与实力之间已经出现了很大差别。阿宽的父母虽然地位低贱，其实非常富裕——因为那些上流阶层不屑之事，他们反而能做。

“再多赚点儿钱吧！”阿宽敦促父亲道。

“咦，你又在鞭策我这个当爹的呀……你究竟打算做什么？”阿宽的父亲表示不解。

“为了这个孩子。我必须买通薛地的人，给他们封口费。”

“封口费？”阿宽的父亲觉得莫名其妙。不过，对于赚钱，他本来就不讨厌。

阿宽不仅催促父亲赚钱，她自己也努力生财致富。在这方面，她还是很有天分的。

不过，无论是放贷还是做买卖，她都相当谨慎，尽量避免和当地人打交道——她担心会因为买卖上的纠纷而招人怨恨。无论如何，都必须与当地人和睦相处。

即便如此，偶尔还是有当地人来向她借钱。

每当这时，阿宽就会面露难色，但很快又改变了态度，欣然说道："既然您这么着急用钱，那我就借给您吧。不过，对于本地同乡，我向来是不收利息的……这钱，就当送给您好了。"她很注意措辞，尽量保持一种谦恭之态。

如此一来，她非但没有招人怨恨，而且还卖了人情。

2

也算赶上了好时运吧，阿宽的娘家生意兴隆，她自己也成了超乎想象的有钱人。

"这全都是拜我儿所赐啊！我儿真是吉祥之人。"她总是把这话挂在嘴边，翻来覆去地说。渐渐地，他父亲和周围人都信以为真了。

其实，这正是她的策略。

"孟尝君"是号，这小孩本名"文"。既是齐王一族，当然姓"田"。

"文儿这孩子，似乎挺机灵呢。"在大家面前，阿宽说话还是比较注意分寸的。因为她知道，一味夸耀自家孩子，往往会招人反感。

而在私底下，她却指使别人散布传言（这些人已经被她用重金收买，对她唯命是从）："阿宽生的那个孩子，是世间罕见的神童。比如说吧……"传言中自然要添油加醋地说一些具体事例。

渐渐地，人们都对此深信不疑："薛地有麒麟儿。"

即便没有这么神奇，田文也确实是智力超群。而他母亲阿宽的聪明之处在于，她知道不能让孩子因为周围的夸耀之言变得骄傲自满，就一直给他灌输这样的意识："你拥有这一切，全都是托大家的福啊！"

聪明的阿宽，热衷于用各种有形或无形的封口费收买靖郭君周围的人——田文的四十多位同父异母兄弟以及他们的母亲……

"薛地有麒麟儿——他就是靖郭君之子田文。"

不久，这话也传到了靖郭君田婴的耳朵里。

田婴闻言大怒："阿宽这个贱人，我当初明明让她扔掉那孩子的！"

但他身边的人并没有煽风点火地指责阿宽违抗命令，反而纷纷劝说："现在，也该是父子见面的时候了。"

《史记》列传中记载道：

其母因兄弟而见其子文于田婴。

意思是说，田文的母亲托田文的异母兄弟居中说和，成功地让其父子相见。

这事可非同寻常。

领主家中的异母兄弟，其实是事关继承人的竞争对手关系。他们竟然肯居中说和，不得不说，这应该归功于阿宽一直以来与人为善的行事作风以及打点众人的封口费。

田婴听说了"麒麟儿"之誉，自然也想见一见这小孩。

为了这个期盼已久的父子相见，阿宽悉心地教导儿子田文。用今天的话来说，就像是高考前出模拟试题进行练习，使他达到对答如流的程度。

父子相见当天，阿宽也陪在田文身旁。

田婴首先责问阿宽："我当初明明让你扔掉这孩子，你为什么还把他养大？"

阿宽偷偷地给儿子使了个眼色。

"父亲大人，"孟尝君直视着父亲的双眼，问道，"为什么五月出生的孩子不能要呢？"

"哼，你是在质问我吗？……自古以来就有这说法：五月出生的小孩，长到和门一样高时，会加害于父母。"

"那么，究竟是命受于天还是命受于门呢？"

这问题颇有讽刺意味。

靖郭君沉默不语，但他的表情已经做了回答：这还用说吗？

"若是命受于天，"孟尝君说道，"父亲大人，您又有什么可担心的呢？若是命受于门，那么只需把门升高到身高够不着的地方，那不就可以放心了吗？"

靖郭君终于忍不住了，喝道："子休矣（你这小子，不要再说了）！"

其实，他心里暗暗甘拜下风，同时又感到十分惊喜：这小子果然不愧于"麒麟儿"之美名。

当时，靖郭君的后宫奢侈成风。年华渐老的他，面对众姬妾们的诸多奢侈要求，也逐渐感到厌烦。

其实，这股风气是阿宽暗中煽动形成的，她这么做自然有自己的打算。其目的就是想让疲惫老迈的领主感到力不从心，从而产生分权、让权之念头；这时，如果有人在旁提出中肯的谏言，为领主分忧，那么领主一定会对他委以重任。

阿宽的计划布置得十分周密。

孟尝君那段以“子之子为何？”开头的名谏，正是瞅准了这个时机。

某日，靖郭君正闲庭信步时，孟尝君走上前，问道：“父亲大人，儿子的儿子叫什么呢？”

“怎么突然没头没脑地来这么一句……”靖郭君心里觉得蹊跷，但还是回答道：“这还用问吗，叫‘孙子’。”

“那么，孙子的孙子呢？”

“叫‘玄孙’。”

“玄孙的孙子呢？”

“那谁知道呢！”

“父亲果然也不知道，因为那是以后很遥远的事情了。”

孟尝君做了以上铺垫，其实是为了引出接下来的谏言。

这些话，并不全是他母亲所教。当然，孟尝君采取的方式，确实是阿宽有意识培养而成的。“最近，靖郭君似乎挺苦恼的，他自己大概也不知该怎么办才好。如果身边有人提些建议，或许能为他分忧吧。”阿宽自言自语地说。她知道儿子听了会如何去做。

孟尝君的谏言，果然不出她的所料。

“父亲大人，您已经侍奉了齐国的三代君主。在这期间，齐国的领土一点儿也没有扩大，而您的私人财产却不断增加；富累万金，但门下却无一贤者。我听说：自古以来，将门必有将军，相门必出宰相，可现实又如何呢？父亲大人的后宫里，美人身穿华丽的绫罗绸缎，衣裾长可曳地，而门客却连短小简陋的衣服都穿不上；仆人常有剩饭剩肉，而门客却连糟糠都吃不饱。您囤积这么多财物，是打算留给哪个遥不可知的后世子孙吗？您难道忘了，国家正日渐衰落吗？我觉得太不可思议了。”

靖郭君很快就领会了儿子这番话的意思。他也深有同感。

“嗯，我明白了。但应该怎么做呢？……如果换作你，会怎么做呢？”

“养门客为首要之务。”

“但短期内也培养不成呀！”

“天下才俊甚多。就算此处没有，也可以从别处招纳。只要礼贤下士，人才自然会聚集而来。”

“那这件事就交给你吧。你尽管放手去做就是。”靖郭君说道。

无论在哪个年代，只要手里握有大量人才，就能在竞争中占得优势。虽然孟尝君有四十多个竞争对手，但他们都被阿宽一一拉拢。现在，孟尝君专门负责接待门客，招纳天下才俊。

很快，孟尝君的名声就传遍了天下，薛地领主继承人也几乎是板上钉钉之事了。此时，靖郭君若不指定他为继承人，反而显得不合时宜。

后来，田婴在生前就指定孟尝君为下一任的正式领主，并且关于继承权的归属也没有引发任何纷争。

3

孟尝君所生活的战国末期，是中国历史上极为引人注目的时代。

原先黄河中游流域被称作“中原”、被视为“天下”的观念已经渐渐发生了变化，世界在不断地扩大。然而，无论世界有多大，始终还是“天下”，应该由一位王者来统治的观念依然没变。

欲称霸天下者，必须将贤能之士招至麾下。而贤士们也不再执着于非要为自己出生地的领主效力。

“战国”一词听起来颇有血雨腥风之感，其实从某一方面来说，这一时期还是相当安定的。[1] 因为当时除了诸侯国之间的征伐，各国间的交流亦十分频繁，官方与民间来往不绝，才得以在学术与思想界出现“百家争鸣”的盛况。在这样的社会背景影响下，人们也逐渐形成了“国际意识”。

楚国大臣屈原的进谏不被楚王采纳，并且遭到放逐，漂流各地，最终投身于汨罗江自尽的故事流传甚广。司马迁曾在《屈原列传》中提出疑问：屈原只要凭借其才华游说各诸侯国，无论到哪里都会被接纳，为什么非要自寻短见呢？

在楚国不受重用的话，可以去秦国；在秦国如果还是不得志，可以再投奔魏国……如此这般，贤能之士周游列国在当时是常态；而像屈原一样对祖国忠心耿耿的反而属于特例。

周游列国的贤士们，只要听说了“某地某君礼贤下士”的传闻，就会纷纷投奔其门下。

孟尝君是薛地领主，论地位只相当于齐国的家臣。不过，当时的贤士并不在乎自己所投靠主人的府宅大小、地位高低，反而更看重给予自己待遇的厚薄。

大领主往往会有狂妄自大、怠慢门客的倾向，门客若觉察到自己被轻视，就会毅然离去。这在当时屡见不鲜。然而，孟尝君作为小领主，却无门庭冷落之忧，前往投奔者也并非全是泛泛之辈，全赖他与同时代的其他诸侯和领主相比要高明得多的待客之道。

---

[1] 战国是中国历史上继春秋时期之后的大变革时期，一般认为自“三家分晋”（公元前 453 年）始至秦灭六国一统天下（公元前 221 年）止。据统计，从周元王元年（公元前 475 年）至秦王政二十六年（公元前 221 年）的二百五十五年中，有大小战争二百三十次。应当说，战国时期，战乱是非常频繁的。

因为，在母亲的言传身教下，孟尝君对“决不能招人反感”的训诫早已铭记在心，深入骨髓。

从开始懂事时起，母亲就一直教导他：“你能有今天——不，你能活下来，都是全靠大家啊！”

她为了能让儿子出人头地，拼命讨好别人，也是迫于无奈；而孟尝君善待门客，并没什么明确目的，只是出于一种习性。或许可以说，在待人方面，孟尝君比教导他的母亲更真诚吧。

孟尝君当上领主几年后，母亲阿宽去世了。她走得很放心。这位“名教练”觉得：自己已经没什么可教给儿子的了。

孟尝君并没有招贤纳士、一统天下的野心。他虽然成功地击败了四十多个竞争对手，稳稳当当地成为薛地领主的继承人，但他没有其他非分之想。其实，就连这薛地领主的地位，也并非出于他的本心，而是按照母亲的意愿，沿着母亲铺设好的道路，一路奔走，到达目的地，自然而然地坐上来的。

每当有客来访，孟尝君就会询问道：“请问您出身何处？家中还有什么人？”

客人回答时，录事则在屏风后记录下来。待客人一走，孟尝君便立刻派人前往其地，向其亲属送上礼物。

待客如此周到，可见孟尝君的好客绝不只是装装样子。

不过，也有人挖苦道：“孟尝君确实厚待门客，但这会导致鱼龙混杂，甚至连罪人和逃犯都前来投靠。”

听了这话，孟尝君笑着回答：“我不会对门客挑三拣四。任何人大都有其可取之处。”

手下侍从表示不解，孟尝君便解释说：“说得极端一些，会偷东西，会学鸡叫，也算是一种本领吧。”

于是，薛地各种各样的人才都前来投靠孟尝君。

不久，“孟尝君厚待门客”的名声在诸侯间流传，就像当年“麒麟儿”之美名传到孟尝君父亲的耳朵里一样。

如前所述，战国末期，人们已经具备了“国际意识”，各诸侯国起用人才时都不再拘泥于出身地，新兴国家秦国尤其如此。秦国之所以能走上富国强兵之路，很大程度上也要归功于别国出身的大臣。

秦昭王听说了孟尝君的贤名后，想聘请他到秦国。为表诚意，秦昭王还送其弟到齐国当人质。

孟尝君一开始并没有应诏，因为有个门客提出忠告：“秦是虎狼之国，千万不能去！”

但后来他还是决定前往这虎狼之国。

4

起初，秦昭王是真心想让孟尝君出任相邦，才出重礼聘请。孟尝君的门客当中，有擅长打探消息的高手，在了解到秦王的本意后，他最终决定前往。

孟尝君将天下无双的宝物“狐白裘”献给秦王，作为见面礼。狐白裘是用狐狸腋下白毛做成的皮衣。一只狐狸身上只有一小撮这种白毛。所以，这样一件皮衣，需用几千只狐狸才能完成。

秦昭王想对孟尝君委以重任，帮助自己大力推行政治改革。不过，秦国内部自然也有反对派。

有人劝阻道：“孟尝君是贤才，而且还是齐王一族。如果他当上我秦国的相邦，一定会优先考虑齐国的利益，而后才考虑秦国。对于秦国来说，这是非常危险的！”

秦王转念一想，觉得有道理，于是就说：“那就告诉他我已经任用别人为宰相了，送他回国去吧。”

“不可。孟尝君之贤才，若不能为我秦国所用，则必须让他永远不为别国所用。”

“你的意思是说……”秦昭王挥指做了个杀头的手势。

危哉，孟尝君！

与孟尝君随行的门客中，有个消息灵通的人士。只是，当他探听到这个消息的时候，已经太晚了——孟尝君一行已经被秦国软禁起来了。

“这该如何是好？”孟尝君摸着下巴，问随行门客。

门客当中，有一人是“秦国通”。他说道：“如今能使秦王改变主意的，只有他的宠姬了。她虽是个贪得无厌的女人，不过眼下也只能向她求助了。”

“那么，由在下去拜见这位宠姬吧。”一个能言善辩的门客自告奋勇。此君擅长以花言巧语哄女人，要放在今天，一定是个成功的销售员。

然而，当他见到这位宠姬时，宠姬却对他说：“我也想要一件狐白裘。”

但那狐白裘可是天下无双的宝物，只有一件，已经献给了秦王。

“这该如何是好？”孟尝君用手指戳着下巴，环视众人。

孟尝君原来是打算在秦国任职的，所以把愿意同行的门客全都带了来。

以前，孟尝君一问“这该如何是好？”必定有人出来献计，但此事却比登天还难，一众门客全都束手无策。

这时，从末席走出一人，说道：“恕我冒昧……”孟尝君曾说过，会偷东西也是一种本领，而这人正是个小偷。这个行窃高手说道：“在下去把那件狐白裘偷出来吧。”

他有项绝招：会模仿狗偷偷溜进宅院里，即所谓“狗盗之徒”。他用此法潜入秦宫宝库，将前不久刚献上的那件狐白裘顺利地偷了出来。然后，再由那能言善辩的门客送给秦王的宠姬。

按照约定，宠姬从中斡旋，说服秦昭王，孟尝君终于恢复了自由。

随后，孟尝君与众人商议道：“说不定秦王随时会听信朝臣的谗言，又改变主意。我们得马上逃离此地。”说完便随即动身启程。

孟尝君一行全都改名换姓，一路奔往国境。随行门客中有伪造出关文书的高手，所以能畅行无阻。抵达国境边上的函谷关时，已经是夜半时分。按秦国关卡规定，在鸡鸣天亮前不得开门。

孟尝君一行面前，无情地矗立着一道紧锁着的、厚厚的大门。

随行门客当中有一人听觉异常灵敏，他听见身后几十里外有追兵正朝这边赶来，顿时大惊失色，向孟尝君报告：“秦王已改变主意，派追兵赶来，不能再等了！”

“这该如何是好？”孟尝君手摸下巴问道。

这时，有个擅长模仿声音的高手上前说道：“这事就交给我吧。”

他把手指贴在嘴唇上，学了几声鸡叫。在这声音的逗引下，四下里的公鸡都“咯咯咯”地开始鸣叫起来。

关卡大门打开了。

孟尝君一行终于在追兵赶到之前逃出了秦国国境。

这就是著名的典故——“鸡鸣狗盗”。无论什么技能，只要有一技之长，就有可能在某个地方派上用场。“鸡鸣狗盗”一词即表示这样的含义。

其实，正因为孟尝君胸襟宽广，来者不拒，才能招纳到这些身负绝技的门客。因此，“鸡鸣狗盗之主”才是更值得关注的重点。

5

孟尝君悉心关照每位门客，无论对方是逃犯还是罪人。

在孟尝君与本家齐王之间，时而陷入敌对关系，时而又转为友好关系，这是战国时期的常态。孟尝君政敌所畏惧的，正是他手下的众多门客，而其中有些什么样的能人，外人并不知晓。

这一点暂且不表。却说，这些门客，很少有明确的姓名流传下来，大都是用他们各自的本领来指代称呼。例如，鸡鸣狗盗之徒、能言善辩之人、密探、听觉异常灵敏之人等。

冯驩[1]，是姓名流传下来的极少数门客之一。

当初他趿拉着破草鞋来投奔时，孟尝君问道：“先生远道而来，不知有何见教？”

“我穷困潦倒，听说此地领主很好客，所以才前来投靠。”冯驩回答说。

孟尝君心想：这人真是前途堪忧啊！

因为门客众多，所以孟尝君为他们准备了三种级别的宿舍：上等门客住“代舍”，中等门客住“幸舍”，下等门客住“传舍”。

管家见冯驩衣衫褴褛，就擅自安排他住进了传舍。孟尝君打算先

[1] 冯驩：亦作“冯谖”，见《战国策·冯谖客孟尝君》，《史记·孟尝君列传》作“冯驩”。

观察一段时间再说。

十日后，孟尝君问宿舍总管："那人近况如何？"

"那人有一把粗糙的长剑，剑柄只是随便缠绕着茅草。他时常弹剑而歌：'我的长剑呀，咱回去吧。在这里，连鱼都吃不上。'"

"这样啊……"孟尝君想了想说，"那让他住进幸舍吧。"这相当于提高了一级待遇。幸舍的伙食有鱼。

但冯驩仍然整天手捧长剑，脸贴着剑柄，唱道："我的长剑呀，咱回去吧。在这里，想出门却没车……"

听说此事后，孟尝君又安排他住进了最高等的代舍。代舍的门客，出入可以坐车。

然而，冯驩却仍然坐在车里弹剑而歌："我的长剑呀，咱回去吧。在这里，无以为家……"

从宿舍总管那里听说此事后，就连孟尝君也不由得皱起眉头："这家伙也太过分了！"

就这样，整整一年间，冯驩只管吃白食，优哉游哉，无所事事。

孟尝君养了三千门客，大都是像冯驩这样大吃大喝、不事劳作之人。

虽然孟尝君从父亲靖郭君那里继承了领地，还有母亲留下的大量遗产，但如此开销，家产自然越来越少，家中经济状况便逐渐紧张起来。然而，又不能让一众门客卷铺盖走人。因为孟尝君知道：自己之所以受到齐王器重，正是因为有这三千门客。

于是，孟尝君只得另辟生财之道：放贷给领地的村民，从中收取利息。但由于当时缺乏经济观念，这种买卖很难行得通，他又不得不派人去讨回利息。

按当时风气，讨债是士者所不为之事。如果谁被分配到这个任务，恐怕都会愤然离去。

“不如派冯驩去吧。”宿舍总管提议。

至于他推荐冯驩的理由，《史记》是这么记载的：

> 无他伎能。

或许是因为宿舍总管平时早就看这厚着脸皮吃白食的冯驩不顺眼了吧。

冯驩却爽快地答应下来。

他来到乡下，讨回了息钱十万——当然这只是其中一小部分。他决定用这笔钱买酒买肉，置办一场盛大的宴会。

冯驩四处通知村民：“不管你还不还得起利息，到时都带上契据过来。有好酒好肉款待！”

宴会喝至酒酣时，冯驩与有偿还利息能力者约定了还钱期限，而对于那些穷得根本还不起钱的人，则将其契据当场烧毁。

处理完后，他兴奋地说道：“大家吃个痛快！喝个痛快！领主大人之所以借钱给大家，是为了让没有资金的人也能从事营生。之所以要收取利息，是因为没钱供养众多门客。也罢，都已经过去啦……领主大人如此仁爱、如此高尚，各位可千万不要辜负了他！”

孟尝君听说了此事，十分恼怒，派人召他回来，严厉地质问道：“我是为了供养三千门客才把钱借出去的，而绝非一时头脑发热所为。但你收到钱后，却全用来买肉、买酒，胡闹一通，还烧毁了契据。这到底是怎么回事？”

冯驩回答道：“不开宴会的话，就不能把大家聚集到一起。对于那些穷得无米下锅的人，就算年年催他还债，催上十年也肯定收不回来，只是利息越滚越多而已；如果严加斥责的话，他们极有可能会撕毁契据逃跑——这跟我烧毁契据没什么两样吧。再者，从领主大人的声誉来看，主动烧毁契据一定能博得好名声；若不烧毁，则可能会有人谣传说领主不爱百姓，而百姓们也会蒙上欠债不还的污名，对双方都没什么好处。同样是讨不回债，我不如让百姓们爱戴您、感谢您，从而彰显您的名声。对于我这做法，您有什么可疑惑的呢？”

听了冯驩这番有理有据的解释，孟尝君连忙鼓掌道谢。

6

孟尝君到底算不算侠义之士呢？

如果说舍命助人者才算侠士，那么孟尝君似乎不太符合：他为了供养门客而舍弃财产，但并没有舍弃性命。

他是幸运之人，这点大概没有异议吧。

当齐王怀疑他意图谋反时，有人为他申辩：“孟尝君是清白的，我敢以性命做担保！”随即在宫门前自刎。齐王大惊，令人重新调查后，发现孟尝君果然是被冤枉了。而那个自刎者，也并非是孟尝君的门客，只是间接受过孟尝君的恩惠罢了。

此人连姓名都没被记载下来，只在史书一隅悄然出场，唰地喷溅出一柱鲜血——这才是侠义之士。

那位“狗盗”之徒也是如此。偷偷溜进秦宫宝库中，如果被抓住的话，肯定要被五马分尸。他为了救孟尝君，抱着必死之心去偷狐白裘，而不计较自己的利益。这难道不是侠士的楷模吗？

另外，前文所述的冯驩，也可称得上侠义之士吧：擅自烧毁契据，搞不好的话是要被砍头的。

战国时期，人们的性格往往狂暴乖张，一怒之下，难保不会做出什么出格的举动，即使孟尝君也不例外。

比如，在“鸡鸣狗盗”之徒相助下，孟尝君一行逃出秦国。途经赵国时，当地人素闻孟尝君之贤名，纷纷前来围观，欲一睹其英姿。结果却令他们大失所望——孟尝君的个头儿很矮小。

看热闹的人群中，有人小声嘀咕道：“本以为薛地领主是个仪表堂堂的伟丈夫，现在一看，竟然是个小矮子嘛！”

孟尝君听到后，和随行的门客跳下车，拔刀向围观人群砍去。

《史记》是这么记载的：

> 斫击杀数百人，遂灭一县以去。

十分惨烈。但当时的风气就是如此。

因此，冯驩擅自烧毁契据，确实需要过人的勇气。可谓侠义之士。

后来，孟尝君被罢官，门客纷纷离去，几乎一夜间沦为孤家寡人。此时，又是冯驩出谋划策，为让孟尝君重回齐相之位而上演了一出惊天大戏。

冯驩先来到秦国，游说秦王。

他的开场白是这样的：“齐国与秦国势如雌雄之国。”所谓“雌雄之国”，意思是说：一方称雄，另一方就不得不雌伏。也就是说，两国注定是势不两立的敌对关系。“齐国之所以能威慑天下，是因为有孟尝君在。”冯驩继续说道：“但如今他被齐王罢了官，定会怀恨在心，背叛齐国。没有人比他更熟悉齐国的内情和人事状况了。秦国如果能得到他的协助，就等于将齐国领土收入囊中——不，岂止是得到齐国领土，甚至还能从此称霸天下呢！大王请速派使者备厚礼去聘请孟尝君吧！切勿错失良机。如果齐王醒悟过来，重新起用孟尝君的话，那么天下胜负就很难说了！”

秦王听到这番话后，深表赞同。于是，令人准备车十乘、黄金百镒，派遣使者去齐国聘请孟尝君。

冯驩抢在秦国使者之前离开秦国，迅速赶回齐国，劝说齐王：“齐国与秦国势如雌雄之国，秦国也深知这一点，所以举国对齐备战。在下听小道消息说，秦王使者备了车十乘，载着黄金百镒，想要聘请孟尝君去秦国。如果孟尝君赴秦国并且当上秦相的话，天下恐怕都将归附秦国。秦国若称雄，齐国则必然雌伏，国土恐将难以保全。总之，请在秦国使者到达之前，重新起用孟尝君为相。只要给他增加领地和俸禄，给予优厚待遇，他一定会欣然接受的。若是平民百姓倒也罢了，但对于别国相邦，秦国不至于聘请去自己国家吧。此事还需从速办理！”

“好。”齐王说道。

齐王颇为惊慌。当初，他是因为孟尝君名声盖过自己而感到不悦，所以才听信谗言罢免了孟尝君；但对于孟尝君的实力，他还是不得不认可的。而且，作为相邦，孟尝君很熟悉齐国的情况，包括军备、人事及其他机密事项。如果孟尝君为秦国所用，齐国一定会有麻烦。

为了慎重起见，齐王派手下去边境关口探听消息。果然，秦国使者的车马驶入边境。齐王手下急忙回报君主。

如此一来，齐王不得不重新起用孟尝君为相邦，但齐王对孟尝君的嫉妒心却难以消除。

当齐王缺乏自信时，需要依赖孟尝君；但当齐国灭掉宋国后，齐王又开始变得骄傲自大，觉得不再需要孟尝君的辅佐，自己也能独当一面。然而，万一熟知国内机密的孟尝君为他国所用，始终还是件麻烦事。那应该如何是好呢？

只有一个解决办法——除掉他。

孟尝君门下不乏消息灵通之人，所以他很快就觉察出齐王的动向，连忙逃往魏国。

魏昭王任用他为相，联合秦国、赵国、燕国一起攻打齐国。齐湣王逃到莒城，死于当地。

齐襄王继位后，推行和平政策，与各诸侯国结成友好关系，与孟尝君也有亲近来往。

孟尝君自立为小领主，保持中立，得享天年。

后来，他的几个儿子争位，齐魏联军乘虚而入，攻占了薛地。而无论齐国也好，魏国也好，都曾经任用孟尝君为相。

这真是莫大的讽刺。

7

“后宫佳丽三千”，这大概是全天下男人的梦想。这“三千”之数，在日本也会用到，例如说“昭和文坛门弟三千”。而一说起“门客三千”，中国人必定会联想到孟尝君。

所谓“门客三千”，其实是指长年寄居之人，若算总数，应该有更多。那么，他们的主人孟尝君，真的如大家一直以来所传说的那样，是一位侠义的领袖吗？

正如供养荆轲的太子丹不能被称为侠义之士一样，孟尝君也难当此号。太子丹是为报私仇，而孟尝君则没有什么强烈的目的。他生性好客，几乎近于“无私”。当然，这很大程度上是受他母亲的熏陶。

当他被齐王罢相之时，门客纷纷离去，几乎一个也没留下。这当然会令他极其失望。

他非常气愤，心想："我平时养着他们，不就是为了自己在危难之时有所依靠吗？"

后来，孟尝君重新坐上齐国相位时，冯驩劝他召回从前的门客。在孟尝君失势之时，冯驩始终不离不弃，而且以一己之力帮助他东山再起。他的话，孟尝君当然言听计从。

"好吧。"孟尝君虽然答应，但一想起当初的情形，便不由得眼眶发热。他长叹一声，说道："我生平好客，门客曾多达三千人，自问对门客从不曾有丝毫怠慢，这些你也是知道的。可是，当我被罢官时，他们竟然全都弃我而去，没人肯回头看一眼。如今，我借助先生之力重新坐回相位，如果从前那些门客还有脸再回来见我的话，我一定会朝他脸上吐唾沫，狠狠地羞辱他一顿……"

此时，他们正坐在马车上，边走边谈。

冯驩收住缰绳，下车席地而坐，面向孟尝君而拜。

孟尝君也下了车，问道："先生是替那些门客向我谢罪吗？"

"不是。而是因为您刚才说错了。万物必然有其道理，世事也一样。您明白这个道理吗？"

"恕我愚钝，不太明白您的意思。"

"就像活着的人最终必然会死去一样，富贵时门客云集，贫贱时朋友散尽，这是理所当然的。再譬如说集市，早上热闹而晚上冷清，这并不是因为人们喜欢早晨、讨厌夜晚，而是因为只有早上才能在集市上买到东西。同样的道理，当您失去地位时，门客自然也会离去。您不能因此而怀恨在心，徒然断绝他们的回归之路。希望您还像从前一样对待他们。"

孟尝君闻言，再次拜谢，说道："谨听先生教诲。如今听了这番话，我又怎能不照办呢？”说完放声大笑。心中的芥蒂，也仿佛都被笑声驱散开来。

门客三千，真正当得上侠士之名的，果真只有冯驩一人？莫非其他人都是假仁假义之徒？真假之比率，竟然是一比三千？

难道连那曾经舍命溜进秦宫宝库盗取狐白裘的“狗盗”之徒，在孟尝君失势时也背弃而去吗？

史书上对此并无记载。

孟尝君被罢官期间，也许有人是不忍看见主公的失意潦倒之状而离去的吧；可能还有人是因为看到主公失去了俸禄，自己不好意思继续寄食于此，才选择离开的吧……孟尝君大概也考虑到这些可能性，领悟到：对于那些离散的门客，也不能一概地责备求全。

他回想起母亲曾经的教诲：“无论在何种情况下，都要善待别人。”

这句话伴随着笑声，从他心底迸发出来，回荡在空中，余音不绝。

众多门客当中，还是有人当得上侠士之名的——冯驩是之，“狗盗”是之。

除此之外，肯定还有很多侠义之士的事迹没有流传下来，不为后人所知晓。其实，这不正是侠士风范吗？

性命尚且不惜，名声是否流传后世当然就更不在乎了——这应当是侠士的极致吧。

如此看来，为侠士作传，就像在历史长河中捡起几颗掉落的稻粒，是十分偶然和异常珍贵的事情。

盗虎符

“秦始皇”的名号家喻户晓。

其实，这个称谓是在秦灭六国、统一天下的公元前221年之后才开始使用的。在那之前，他被称为“秦王政”。确切地说，在公元前246年成为秦王之前，他只是“嬴政”[1]。

嬴政作为人质的儿子出生于赵都邯郸。他从小聪颖过人，生性早熟，在体察人心方面敏感得可怕。

过于敏感，或许是一种悲剧，至少嬴政的情形确实如此——他很早就知道关于自己身世的秘密了。

“吕不韦把已经怀孕的宠妾献给了子楚[2]。就算子楚是个人质，这样做也未免太过分了吧。”

“这么说来，嬴政这小子根本就没有秦王家族的血统嘛！”

“是啊，是啊。不过，这事可不能到处乱说。”

嬴政还很小的时候，消息灵通的侍从们经常当着他的面儿低声耳语，以为他还不懂事。其实，对于侍从们的悄悄话，生性早熟的嬴政大致都能听懂。听不懂的部分，就牢牢地记在脑海里，等到长大后自然也就理解了。

嬴政还在襁褓中时，秦国派将军王龁带兵包围赵都邯郸。

从赵国立场而言，这个时候大可杀掉秦国人质子楚。子楚也确实差一点儿就丢了性命。

“怎么能让子楚白送命呢？我可在他身上下了大赌注啊！”吕不韦心想。

[1] 秦始皇出生于赵国都城邯郸，幼时与父母在赵国为质，故又被称为“赵政”。

[2] 子楚：又名异人，即秦庄襄王，秦始皇的父亲。

他在子楚身上下的赌注，不光是钱，还有女人，而且这个女人已有身孕。如此说来，吕不韦可真是投下了巨资。

不能让子楚白白送命！

于是，吕不韦采用最擅长的贿赂手段，送给“守者吏”（监视人质者）黄金六百斤，成功地帮助子楚逃到秦军阵营。

当时情形万分危急，子楚无法携眷而逃，只能独自上路。留在邯郸的子楚夫人与儿子差点儿被赵国人杀掉，幸亏这位夫人的家族有门路，再加上吕不韦的奔走斡旋，才幸免于难。

——摘自《小说十八史略》第一卷《孤独的少年王》

1

屠夫朱亥一有空就去找看门小吏侯爷下围棋。朱亥身材高大，下棋时总是弯着腰。

某日，两人对局时，忽然同时嘟囔了一声：“咦——”

三年前，侯爷第一次与朱亥下棋。从那时起，侯爷就从未输过。

虽然侯爷并没怎么教朱亥下棋，但大家都把朱亥看作侯爷的徒弟。

在这三年里，朱亥会时不时地问侯爷：“我下棋有长进吗？”

“嗯，有长进呀！”侯爷每次都这么回答。

但朱亥一直感到疑惑不解：“每次我都是输三目——从三年前开始，无论下多少次，必输三目。这么看来，我的棋艺岂不是和三年前一样吗？”

“怎么会。毕竟我也在慢慢进步嘛！”侯爷微笑着说道。

朱亥当然不相信这话。因为他知道侯爷是个围棋高手，无论和谁下都只赢三目。

三年前，朱亥才刚学会围棋规则，侯爷本来可以完胜他，却只赢了三目。朱亥对此早有耳闻，知道侯爷是故意这么做的。后来，朱亥的棋艺突飞猛进，但每次与侯爷对弈，仍然是只输三目，仿佛自己的棋艺没有丝毫长进似的。

每个对手的实力强弱不同，而且每天的状态也有所起伏——侯爷必定是对这些情况看得一清二楚。否则就无法做到无论何时、无论和谁下棋都刚好只赢三目。

其实，朱亥曾经在对局中故意走出臭棋。因为这三年来，每次下棋他都只输三目，这让他十分恼火。他没想过要取胜，但即便输棋，也希望能输得有些“新意”，例如输上十目、二十目也好，而不再是一成不变的三目。结果却都是铩羽而归：无论他下出多么荒唐的臭棋，侯爷都有应对的着法，到终盘一看，双方仍然只差三目。

然而，这天两人不约而同地嘟囔了一声：“咦——”

胜负已见分晓，这次朱亥输了五目。

侯爷皱了皱眉头。

朱亥输了，而且比平时多输了两目，但他满脸笑容，仿佛立下大功似的。他从未如此高兴。眼下，胜负已经无所谓了，只要能出现“输三目”之外的结果，就足以令他欣喜若狂。

侯爷嘀咕了一句：“我判断错了……”

对朱亥来说，侯爷这句随口之言无异于最高的夸奖。

“我总算没白练啊！”朱亥也简洁地回答道。

朱亥力大过人，饭量也很大，常被嫂子骂为“饭桶”。于是他背井离乡，周游列国，最后在魏国做了个屠夫。他很想控制自己的天生蛮力，或许锻炼智力会对此有所益助，他想到的方法就是下围棋。

能让侯爷都不得不承认自己对弈时出现了失误，不正说明自己的智力大有长进吗？所以他才会如此高兴。

围棋又称“奕棊”，是中国自古流行的游戏。早在《春秋左传》[1]中就有记载：

[1]《春秋左传》：即《春秋左氏传》，又名《左氏春秋》《左传》等。相传为春秋末年鲁国的左丘明为《春秋》做注解的一部史书，也是中国历史上第一部体例完善的编年体史书。

弈者举棋不定，不胜其耦。

意思是说：下棋时，如果犹疑不决，确定不了在哪里落子，就无法战胜对手。

当时使用的围棋，黑白共三百个棋子，棋盘有横竖十七条线，共二百八十九目(现在的棋盘为横竖十九条线，三百六十一目)。至于规则，古今似无太大区别。不过，中国古时下棋时，黑白双方会先在星位上各摆二子，然后才开始对弈。

战国时，围棋就已十分盛行。特别是地处中原的文化之邦魏国，上至宫廷园囿，下至陋巷凉台，时常可见对弈之人，围观者甚众。

“在魏国，谁是围棋第一人呢？”经常有人争论这种幼稚的问题，就像今天一样。

当时，呼声最高的是一个身为夷门监者的老人——侯嬴。“夷门”是魏都的东门，“监者”是看门人的意思。由此可见，这位侯爷的身份并不算高。

魏国的首都原来在山西安邑，但因距离强秦太近，后东迁至黄河南岸的大梁，即现在的河南开封。

在大梁的宫殿里，魏昭王问儿子信陵君：“那个看门老大爷真的这么厉害吗？”

“听说确实如此。”信陵君苦笑着回答。

当时的人都认为：市井之事，无论关于什么，只要问信陵君便可知晓。

2

信陵君是魏昭王的末子。

魏昭王死后，魏安釐王继位，信陵君是其异母弟。

当时，魏国王族依国名改姓“魏”。信陵君名“无忌”，因此，又可称其为“魏无忌”。

这位信陵君，与赵国的平原君，楚国的春申君，以及前篇提到的齐国的孟尝君，四人并称为“战国四公子”。他们都以门客众多而闻名。

某日，魏昭王与儿子信陵君正在下棋[1]，忽闻急使来报：“北边忽起狼烟，传报赵军来袭，眼看就要逼近边境了！”

魏昭王扔下手中棋子，想马上召集群臣开紧急会议。

信陵君劝阻道：“不必担心。赵王只不过是外出打猎而已，不会攻进来的。”然后继续下棋。

魏昭王却提心吊胆，根本无心应对。

没过一会儿，北部边境又传来消息，更正刚才的误报：“赵王只是外出打猎，并非来袭。”

魏昭王大惑不解，问儿子道：“你怎么知道的？”

“在我的门客里，有人能探听到赵王的机密，只要是有关赵王的消息，无论公事还是私事，都会一一向我禀报。臣因此得以知晓。”信陵君回答道。

[1] 这个故事见于《史记·魏公子列传》，原文为“公子与魏王博 ”。“公子”即信陵君，“魏王”并未说明是魏昭王还是魏安釐王。本书采昭王说。

魏昭王听了十分吃惊，对信陵君的才能感到惧怕，之后便不愿把国政交给他来管理。

信陵君还是太年轻了。如果是稍微精明一些的人，就算知道赵王打猎之事也会假装不知、故作惊讶吧。但他做不到如此虚伪世故。信陵君的身上倒是有一种艺术家的气质，做事也不计得失。这一点还是很有侠士风范的。

据说，信陵君也有门客三千。

“白发三千丈”也是三千，中国人似乎对“三千”这个数字情有独钟。当然，“三千”是虚数，泛指数量多。

信陵君连邻国赵王的行动都摸得一清二楚，至于本国市井之事，当然更是了如指掌。他曾听说，看守夷门的侯爷是魏国第一围棋高手。但这位老者的棋艺究竟有多厉害，却没人能说得清。他的三千门客中，也有一位围棋高手。此人擅长军事，常向信陵君讲授兵法。这位门客时常说道：“围棋与政治、军事有相通之处。”

信陵君闻言心想：这么说来，夷门那位老大爷岂不是也精通政治和军事？

经多方打听，信陵君了解到：从没有人下棋赢过那位老者，而且无论谁和他对局都只输三目。这听起来颇为蹊跷。

信陵君嘀咕道：“莫非是位隐士？”所谓隐士，即身负杰出的才华，却隐居山野或从事卑微职务的人。隐士因愤世嫉俗而生遁世之心。所以，在多数情况下，他们外表看似平静，其实内心充满了激情。这种激情，是人类社会的能量来源。

胸怀大志之人收养门客，正是想凭此形成一股力量，并依靠这股力量做成大事。毕竟，在战国时期，有实力才能够呼风唤雨。

所以，当魏昭王问起那位守门老大爷的棋艺水平时，信陵君即已打定主意：“我一定要将那位老者召为门客。”

信陵君派人给侯嬴送去礼物。

不料，侯爷却谢绝道：“看门之职虽然卑微贫穷，但几十年来，我修身养性、洁身自好，故而不能接受公子的财物。”

信陵君听说后，亲自前往拜见，结果还是一样。

于是，信陵君又发出邀请：“过几天我要在府邸举行宴会，还请您赏光出席，大家一同欢聚畅饮。”

这次，侯爷答应了他的请求。

几天后，信陵君备好盛宴，邀请来王族以及魏都名士，然后亲自乘马车前往夷门。

《史记》中记载道：

> 虚左，自迎夷门侯生。

当时，以马车左侧的座位为上座。信陵君特意留出上座，前往迎接侯爷。

“请稍等片刻，我准备一下就来。”

侯爷说完，就径自进屋更换外出的服装，过了许久还没出来。马车一直停驻在原地等候，围在夷门前看热闹的人越来越多。

“公子来迎接那个老大爷呢。”

“是派人来叫他去下棋的吧？”

“不是，是公子亲自来请哦，你看。”

“哇，面子可真大啊！”

围聚在门前的人七嘴八舌地议论着。

终于，侯爷出来了。只见他轻轻一跃上了马车，大摇大摆地坐在空着的左侧座位上。

围观人群见状，顿时又议论纷纷起来：

“那个老家伙，都七十岁的人了，连这点儿礼貌都不懂！”

“老糊涂啦！”

“但公子仍然面带微笑嘛！”

“真是个宽宏大量的人啊！”

…………

在当时，主人留出马车左侧的尊位乃是待客之道。但一般情况下，客人应当先表示推辞，主客互相谦让一番之后，才会最终确定上座者。这是基本的礼节。侯爷作为区区看门人，能得公子亲迎已是莫大的荣耀，而他居然对于上座也毫不推辞，真可以说是惊世骇俗了。难怪众人瞠目结舌，人言啧啧。

这些议论，很快就会传遍大梁——不，是传遍整个魏国，成为大家关注的焦点。

这时，坐在马车上的侯爷大声说道：“我有个请求！”他有点儿耳背，所以一说话就扯着嗓子直喊。

“请尽管说。”信陵君微笑着回答。

“我有位朋友在集市里，我想找他聊几句话。能绕一下路吗？”

“这有何难。”

信陵君点点头，脸上没有丝毫不悦之色。他手握缰绳，亲自驾车绕道而行。

3

“战国”这个词在日本容易产生歧义，因为中日两国历史上都有“战国时期”。

中国的“战国时期”，开始于公元前453年（魏、赵、韩三家分晋），结束于公元前221年（秦始皇统一天下），大约两百多年。而日本的“战国时期”，则开始于1467年的应仁之乱，结束于1568年织田信长统一全国[1]，大约一百年。从起始年份来看，两者相差了一千九百二十年。刚好相当于基督诞生到日本明治维新的时间长度。[2]

提到中国的战国时期，容易让人产生一种印象：这是个战乱频繁的悲惨时代。不过我认为，这大概是“战国”之名造成的错觉。用“群雄割据”一词来形容，或许更易理解。

中国文明起源于黄河中游流域的中原地区，但文明圈并不仅限于此，而是不断向外扩张的。通常来说，扩张才会造成分裂。因此，伴随着发展，周王室对于局势逐渐失控，迎来春秋战国的大分裂时期。所以，战国时代也可以看作中国文明的扩张期。

---

[1] 关于日本战国时代的结束时间，史学界向来有不同的说法，大致分为以下五种：1. 1568年织田信长进入京都；2. 1573年织田信长攻陷室町御所，室町幕府灭亡；3. 1590年丰臣秀吉消灭关东地方的北条氏，收服奥羽地方，完成日本大致上的统一；4. 1603年德川家康创立江户幕府；5. 1615年德川家康于大阪夏之阵打败丰臣秀赖，丰臣氏灭亡。本书作者采取第一种说法。

[2] 明治维新：始于1868年，明治天皇建立新政府，从而掀起的一场自上而下、具有资本主义性质的全盘西化的近现代化政治改革运动。

战国初期，由晋国分裂而成的魏、赵、韩三国因地处中原，被视为各诸侯国的中心。这三个国家有“三晋”之称。三晋的北边是“燕”，南边是“楚”，东边是“齐”，西边是“秦”。这四个国家作为后起之国，以赶超三晋为目标，大力推行富国强兵的政策。七大国之间，虽说并非没完没了地打仗，可一旦力量均衡被打破，军事冲突也就不可避免了。

为保持平衡，国与国之间签订了多层次、错综复杂的攻守同盟或互不侵犯条约。为了保证遵守条约，缔约双方会互相交换人质。此外，王族之间的通婚也十分盛行，这其实也是一种变相的交换人质。

然而，身处弱肉强食的时代，稍一疏忽就有可能被吞并。因此，各国在内政、外交、军事方面都不甘落后，其方法只有一个——不问出身，任用人才。可以说，这个时代，成功的机会也是最多的。只要你拥有一技之长，名声流传开来，诸侯就会争相聘用你。要想出人头地，只能依靠名声。所以这一时期也不乏虚张声势之人。当然，如果这种虚张声势达到过人的境界，那也算得上是一门学问了。为了获得更有利的地位，有才之士会周游列国，寻找“知己者”。并且，当时各国常会在全国范围内举行关于思想和治国策略的比赛来招纳人才。

因此，在战国时期，虽然七大国分裂割据，征战不休，但各地同样交流频繁，交通和商业实现了飞跃性的发展。而且，中国的主要思想流派也几乎都是在这个时期形成的，正所谓“百家争鸣”“百花齐放”。

可以说，一方面战国时期确实战争频繁，动荡不安；但另一方面，这也是个朝气蓬勃的时代。虽然有些粗野之气，但同样绚烂豪华，充满了雄浑的气魄。

到处都处于旋涡之中，大旋涡吞并了小旋涡，然后又被更大的旋涡所吞并。

有人捋起袖子，扬言道：“就让我来推波助澜吧！”其中，既有真才实学者，也有滥竽充数者。正可谓鱼龙混杂，纤细与豪放并存，清纯与混浊交织。

战国后期，地处西边的秦国后来居上，逐渐发展成为超级大国。其余六国采取“合纵”之策，联合起来对抗秦国；而秦国则采取“连衡”之策，分别拉拢，各个击破。

本篇故事正发生在这一时期，即秦国将要统一天下的前夜。

战国时繁荣、世俗、杂乱的气息，在集市上展现得淋漓尽致。

集市上熙熙攘攘。这里不光有买卖东西的，还有各种各样的表演，例如：变戏法的、杂耍的、讲相声的、说书的、玩游戏的……民间艺人纷纷使出绝活，一较高下。这里还是人们的休闲娱乐场所：顽皮的孩子们三五成群，在各家摊档之间穿行追逐；老人们聚集在向阳之处，或畅谈往事，或发发牢骚……

信陵君的马车驶近时，必须先让手下士兵在前面开路，才能通行。

“咦，信陵君的马车怎么到这种地方来了？”人们惊讶地睁大眼睛，交头接耳地议论着。王族成员很少来这种地方，也许偶尔会微服出行，但像这样乘坐华丽的马车招摇过市的，还真少见。

“请在那儿停一下。”侯爷说道。

信陵君依言在屠宰场前停下马车。这里弥漫着一股令人恶心的臭味，就连风也带着一股湿热之气。

侯爷下了车，大声呼喊：“朱亥在吗？我找他有事！”

集市上围观的人群已成黑压压一片。随行的士兵们不得不竭力维持秩序。

朱亥还以为出了什么事，快步走出来观看。这一看，顿时被停在眼前的贵人车马吸引住了，甚至没注意到旁边的侯爷。

“是我呀，是我呀！”侯爷走上前来，凑近朱亥耳边小声说话，朱亥边听边附和，这两人究竟说了些什么就不得而知了。

侯爷一边对朱亥耳语，一边不时地望向信陵君；时而仰望天空，时而背着双手踱来踱去。两人聊了很久，仿佛故意要让旁人等得发急。

信陵君的家臣们气恼得咬牙切齿：“此人竟如此无礼！”而信陵君却一直面带微笑。

侯爷终于谈完了事，回到马车前，连句“让您久等了”都没说，就满不在乎地又坐上了马车。

4

当天的宴会，侯爷被奉为上宾。

信陵君向王族以及魏都诸名士们逐一介绍侯爷，这样的接待规格，真是非比寻常。如此一来，侯爷就不可能再回去看守夷门了，他对此大概也早有所料了吧。从那以后，他就留在了信陵君的府邸，成为三千门客中的头等宾客。

通常来说，受人一宿一餐之恩，就会心生报答之意。所以，门客们一想到什么好主意，就会频频地向主公献计献策。然而，侯爷却从未向信陵君提出过任何建议。

虽然信陵君并不指望门客报恩，但当他看到侯爷身受厚待却无所事事时，难免还是心生不满。

有一天，信陵君终于忍不住了，就对侯爷说：“您可以提些对我有用的建议吗？”

侯爷回答道：“噢，我要为公子做的第二件事嘛……现在一时还没想到。”

既然说“第二件事”，看来侯爷认为自己之前已经回报过一次信陵君的礼遇之恩了。

“您刚才说‘第二件事’，那么第一件是指什么呢？”信陵君问道。

“嘿嘿，就是举行宴会那天呀！您来迎接我时，我故意表现得傲慢无礼，以向大家展现公子宽宏大量的品格。我借口说去换衣服，让您等候许久，其实是为了吸引更多的人来围观；我之所以要绕道前往集市，也正是因为那里人来人往、是大梁最热闹繁华的地方。我认为，这样足以让更多的人见识到公子的温厚、谦和，让公子名扬四方。”侯爷回答道。

“噢，原来如此……”信陵君恍然大悟，长吁了一口气。集市上来自各国的人络绎不绝，想要让名声以最快的速度传播到各国中去，那里的确是个上佳的宣传之地。

事实上，那次宴会之后，因仰慕公子礼贤下士的美名，各国前来投奔者确实急剧增加了。在不知不觉间，信陵君已经得到了丰厚的回报。因此，听了侯爷的话，他心中的不满当然也随之消散了。

“对了，”侯爷拍了一下大腿，说道，“其实，我早已经想到要为公子做的‘第二件事’了，但此事颇为难办……我也没什么把握，所以才一直没有说。”

“但说无妨。无论如何难办，我都会试试看。”

“赴宴当天，我曾绕道去集市拜访的那位朋友——他名叫朱亥——虽然至今仍被埋没在市井之中，但其实是个当世罕见之能人。您如果把他招至门下，一定能派上用场。”

“多谢告知。我现在就考虑怎么请他过来。”

“这事颇为难办。当今世上，除了我之外，没人知道朱亥是个能人；

而且，连他本人都没觉得自己是能人，所以这事可不好办哩！”

不出侯爷所料，信陵君多次派人去请，甚至自己亲自前往劝说，朱亥都概不回礼，表示自己无意成为门客。

信陵君对侯爷说：“那个人无论如何都不肯答应，真奇怪。”

“这没什么奇怪的，他可是个能人哟！”

“侯爷您也是贤能之人，不也成了我的门客吗？”

“我年事已高，想要享享清福，所以才投靠到您门下嘛。”侯爷回答道，随即“嘿嘿”地笑出声来。

5

信陵君的哥哥魏安釐王即位的第二十个年头[1]，秦国入侵魏国北边的赵国。

当时，正值秦昭王五十年，即嬴政即位前十年。换言之，这次秦国攻打赵国，发生在战国末期——再过三十六年，也就是嬴政即位二十六年后，秦国就统一天下了。

三年前，秦将白起率兵在长平大破赵军，杀死四十五万将士，声威震动天下。如今秦王再次出动大军，包围赵国都城邯郸，所图显而易见。秦国此时已经变得无比强大，其余六国如不联合起来，根本无法抵御。

处于危急存亡之秋的赵国向各诸侯国请求救援。

前文提到，赵、魏、韩三国是从晋国分裂出去的，因此，魏国与赵国可谓是唇亡齿寒的关系。故而，接到赵王的求救信后，魏王当即

[1] 即公元前 257 年。

派将军晋鄙率十万大军赶赴赵都。

秦王得知后，派使者警告魏王：“赵国气数已尽。现在，如果有哪个诸侯国前往救赵，秦国攻下赵国之后，必先调兵攻打它。”这明显是在恐吓了。

魏王非常害怕，急忙派出使者，让已经出发的大军停止前进，并密令晋鄙暂且在邺城安营驻兵，名义上是救赵，实则是观望秦、赵双方局势的发展。邺城，即今河北省南部的临漳县到河南省北部的安阳市一带；后来，在我们熟悉的《三国志》中，邺城也因作为曹魏的都城而闻名。

现在的临漳，在行政区划上属于邯郸市的一个县。在当时，邺城位于赵都邯郸的东南方，相距不过三十公里。因此，到了邺城，等待救援的邯郸也就近在眼前了。但接到密令后，魏国的援军就在邺城安营扎寨，止步不前。

赵王这边自然看透了魏王的想法。

赵王的弟弟平原君，是信陵君的姐夫，同样也是“战国四公子”之一，也有门客三千。正因如此，他深谙如何劝说鼓动侠义之士。

平原君接连不断地派使者赶赴魏国，催促救援。其中还有写给小舅子信陵君的一封信：“我之所以与你姐姐结亲，是因为相信公子为人仗义，常救人于危难之中。眼下，我赵都邯郸即将被秦军攻陷，说好的魏国援军却迟迟未到，公子那久负盛名的侠义心肠究竟去了哪里呢？就算公子轻视我，觉得我向秦国投降也无所谓，我也无话可说。但公子难道就不怜惜自己的姐姐吗？”字里行间既有些许威胁之意，又不乏谦卑诚恳的态度，真可谓是用心良苦。

或许平原君写这封信时，夫人也在旁出了主意吧。“战国四公子”

之中，尤以信陵君最讲义气——他总是不计较利益得失，敢作敢为。姐姐十分了解弟弟内心深处的侠义心肠，所以希望以此打动他。

在是否出兵救援赵国的问题上，信陵君与哥哥魏王的意见出现了分歧。

魏王把国家利益放在首位。如果现在出兵援赵，秦国接下来就会反过来攻打魏国。虽然魏、赵两国有联姻关系，但让魏国一起陪葬可万万不行。魏王身为国君，这么想是理所当然的。信陵君却认为：大义，应该凌驾于国家命运之上，这并不是什么借口。对他而言，如果丧失了大义，所有的一切都将消亡。

然而，魏王的命令具有绝对的权威。如果魏王不重新下令的话，驻扎于邯郸附近的魏军将领晋鄙是绝不会率军前进一步的。

信陵君十分苦恼。他痛哭着哀求哥哥出兵救赵，但魏王一口回绝："我不想当亡国之君！寡人背负着至高无上的重任，要把从祖先手里继承下来的魏国基业延续下去，怎能贸然出动援军？！"

信陵君的热诚无法打动魏王，只见魏王继续说道："所谓信义，应该是建立在先有国家的基础上吧。"

"即使是国家，有时候也是建立在信义的基础上哟！"信陵君反驳道。

但他的这种想法，魏王却无法理解：帝王学的教科书里，是从来不教"侠义"的。

"别再说傻话了！"说完，魏王就不再理他。

既然这样，对信陵君而言，为今之计也就只有以个人名义率领义兵前往救赵了。

信陵君虽有门客三千，但这三千门客里头，有的拖家带口，有的不重情义，还有许多来自别国的异乡人。就算是作为上宾受到厚待，一到关键时刻，说不定也会打退堂鼓呢。到最后又有多少人愿意同行呢？如果只有几百人的话，那么此次出征无疑凶多吉少。然而除了个别勇士之外，谁又能做到慨然赴死呢？

信陵君心想：能凑个几百人就够了。既是为大义而行，生死早已置之度外。哪怕只有十人也好，五人也好，甚至只有信陵君独自前往，也在所不惜。

他准备了百余乘车马。按军队配置，一乘兵车由四匹马牵拉，可乘载披甲士兵三人，同时配有步兵七十二人，辎重兵二十五人。以此算来，“一乘”为百人，“百乘”即为万人。信陵君其实是预计从门客中选出三百名勇士，作为披甲士由自己率领出征；至于步兵和辎重兵，可以在行军途中就地征用、雇用。

三百人，相当于三千门客的十分之一。信陵君亲自担任这支敢死队的队长。

从大梁出发的当天，信陵君去拜访了侯爷。关于此事，《史记》是这么记载的：

> 行过夷门，见侯生，具告所以欲死秦军状。辞决而行。

信陵君出发前，府邸都处理妥当了。曾经作为贵客寄居府中的侯爷，也回到了从前看守夷门时的小屋。

信陵君见到侯爷，一五一十地告知不得不与秦国大军决一死战的缘由，告知自己的侠义之举。并与侯爷道别。

侯爷听罢，却只说了这么一句：

> 公子勉之矣，老臣不能从。

6

公子尽力而为吧，我年事已高，就不一起去啦。

想不到侯爷竟然说出这么冷淡的话来！

信陵君也忍不住心生抱怨，自言自语地嘀咕道：“天下人都知道，我一向厚待侯爷，从无怠慢……如今，我将赴死地，而他却连句饯行的话都没送给我。莫非我有什么做得不妥的地方吗？”

不能这样带着疑团离去！

“掉转车头！”信陵君下令。他想重回侯爷住处，当面问清楚对方为何态度如此冷淡；待解开疑团后，再心无牵挂地奔赴赵国。

回来时，却见侯爷正站在夷门前，手搭凉棚，眯缝着眼睛望向去往秦国的方向。一看见信陵君的车马，他立马笑呵呵地露出雪白的牙齿。

“果然回来了呀！”侯爷说道。

“什么？您早就知道我会回来？”信陵君下车问道。

“没错，我怎么会如此和公子道别呢？我是打算等公子回来，就献上一条起死回生之计。快请进吧，莫嫌寒舍脏乱。”说着，侯爷就把信陵君一人请进小屋里。

“以三百勇士杀入秦军，必定全数阵亡；就算招募到一万义兵，结果也一样。如果援军人数不足五万，无异于羊入虎口，白送死而已。”侯爷说道，“但如果达到五万人以上，则有生还之望。”

“这个道理我也懂。可是，如此庞大的军队，你让我如何召集起来呢？我的财力也是有限的呀！”

“不是有现成的军队吗？在邺城驻扎的十万大军嘛！”

“啊？可是，将军晋鄙接到魏王的命令，正按兵不动呢！”

“只要公子您成为这大军的统帅即可。”

“这不可能。即使成为大军统帅，若手中没有虎符，也无法指挥进兵呀。”

虎符长约六寸，又称“兵符”。上古时期多为竹制，而战国时代则改用铜制，故又称“铜虎符”。据说，因为“铜”与“同”谐音，所以“铜虎符”也蕴含着“同心”之意。当时，若要调动国家军队，就必须握有成对的虎形兵符。所谓“成对”，即一只虎符分为左右两半，一半由国君保管，另一半交给带兵的统帅。当国君下令进兵或退兵时，须派使者带着自己的半边虎符交给军队统帅，左右两半虎符能合上，调兵命令才可生效。

“只需偷到虎符便可。”侯爷若无其事地说。

“偷虎符？！虎符藏在魏王寝宫深处，怎么可能偷得到呢？那里只有魏王才能出入呀！”

“咦，只有魏王才能出入吗？这么说来，难道魏王每晚都是独自就寝吗？”

“噢，当然不是。”魏王自然有嫔妃陪侍。

“最近，魏王最宠幸哪个妃子呢？”

“如姬。”信陵君回答道。

当他说出这个名字时，忽然眼前一亮：对呀，为什么自己从来都没有想到这一点呢？！

侯爷看着他的表情，用安慰似的语气说道：“公子，您这么快就忘记自己在棋盘上下过什么棋子了吗？”

原来，这其中还有一段插曲。

如姬的父亲遭人杀害。她发誓：不拿到杀父仇人的首级，誓不罢休。为了报仇，她不惜重金悬赏凶手下落。这女子颇有战国人的豪气，正可谓巾帼不让须眉是也。

当时，无论国内还是国外，若非黑道中人，确实很难查到逃犯的下落。她雇过许多人，甚至还求助于魏王，却一直没有找到杀人凶手。最后，如姬只得哭着向信陵君求助。

因为信陵君有三千门客，与黑道中人有着千丝万缕的联系。如姬正是看准了这一点，所以才向信陵君求助："无论如何，请为我报这杀父之仇！"

受如姬所托，信陵君便将此事交给深谙此道的门客去办。最后，终于找到了凶手，并砍下他的首级，献给了如姬。

"感谢公子相助。为报公子大恩，小女万死不辞！"

这位如姬，现在就在魏王的寝宫里。

现在，只需如姬偷出虎符即可。

战国时的风气，充满了活力。无论男女，都不乏性情耿直、重情重义之人。

信陵君有侠义心肠，竭力帮助别人而不图回报。正因为不计较利益得失，所以经常忘记自己帮别人做过什么事。在围棋高手侯爷看来，这就像是忘记了自己在棋盘上下过什么棋子一样。

当然，这枚棋子并非有意识地布局，所以如果高手不从旁指点的话，弈者很容易就忽略了这枚棋子关乎全局的胜负，那样就有可能把能赢的棋也下输了。

"我现在就去找从前投下的那枚棋子。"信陵君说道。

关于事情结果，《史记》记载得很简洁：

公子从其计，请如姬。如姬果盗兵符与公子。

如姬曾对信陵君说过："为报公子大恩，小女万死不辞！"战国时期的女人是十分重信义的。何况，盗虎符比死要容易多了。

7

信陵君拿到虎符之后，再次来到夷门拜访侯爷，告诉他计划成功了。

然而，拿到虎符仅仅是获得了调兵的名分而已，并不意味着所有问题都已解决。在前线带兵的统帅，可以根据具体情况做出有利于国家的判断，甚至违抗君命，擅自采取行动。

"如果晋鄙将军肯听，那自然最好不过。但如果他不肯听的话，只能将他当场击毙。为防万一，请带上我的好友屠夫朱亥。他力大过人，是举世无双的力士。"侯爷话音未落，就听见信陵君发出了呜咽的啜泣声。

"公子为何哭泣？莫非是怕死吗？"侯爷问道。

信陵君一边擦泪，一边回答道："您觉得我会贪生怕死吗？晋鄙是一位刚正不阿的老将军，即便看见虎符相合，恐怕也会拒绝发兵。一想到不得不杀掉他，我就感到悲伤不已。"

侯爷见信陵君如此惜才，不禁眼中噙泪，说道："这确实令人悲伤。但我不会让您独自一人承受这份悲伤的。晋鄙将军在去往冥府的途中，一定会有相匹配的人物与他结伴同行，还请公子放心。"

这话在当时看来，似乎有些莫名其妙。

前文提到，朱亥曾多次拒绝信陵君的邀请。但这次，朱亥却深深地鞠了一躬，说道："我只不过是一介屠夫，居于市井之中。承蒙公子赏识，多次来访。此前我之所以从不答谢，是因为我觉得那些烦琐的礼节没什么用。其实，我心里一直期待着，能在公子危难之时舍命相助。现在，这个机会总算来了。”

抵达邺城后，信陵君带着朱亥直奔军营。他拿出虎符，与晋鄙的那一半完全吻合，便宣布说：“魏王下旨更换援军统帅。从现在起，由我指挥全军。”

果然，晋鄙将军不肯从命。他举起手，声色俱厉地摇头说道：“我拥兵十万，驻扎于国境线上，这是国家托付于我的重任。现在，你不过驾着一辆马车过来，就说要取代我的职务。这怎么可能呢？”

既然遭到拒绝，就只能当机立断了。

无须任何暗示，作为随从立于一旁的朱亥取出藏于袖中的四十斤铁锤，突然抡起，以迅雷不及掩耳之势砸向晋鄙——信陵君没有使眼色，也是怕被老练的晋鄙察觉出来。不出意外，晋鄙顿时脑袋开花，一声没哼就倒在信陵君脚边。一向惜才的信陵君，此时却没有哭泣，因为他早已为这位不幸的晋鄙将军流泪哀悼过了。

战国时期的“斤”，大约相当于现在的二百五十克[1]。这么算来，所谓的“四十斤铁锤”也不过只有十公斤左右而已。但若要将铁锤藏于袖中而不被人发现，这个重量大概算是极限了吧。

朱亥身为屠夫，一击毙命的技术自然不在话下。然而，比起技术来，胆量更为重要：暗藏凶器进入拥兵十万的将军营中，需要非凡的勇气。若非抱定必死之决心，是无法做到镇定自若的。而且，此时不容许出

[1] 战国时期度量衡还未统一。各国的计量单位都不尽相同。根据吴承洛的《中国度量衡史》（商务印书馆 1993 年版）所载，当时，楚、赵一斤相当于二百五十克，魏一镒为十釿，相当于三百一十五克，秦一斤相当于二百五十三克。书中并未明说计量单位采用哪一国家标准。

丝毫差错，以免白白送命，这任务比死更难。

在过去三年中，侯爷一边和朱亥下棋，一边观察他。最终断定：朱亥能在这种关键时刻派上用场。而朱亥果然也没有辜负侯爷的期待，出色地完成了任务。

晋鄙将军既死，唯一的阻碍也没有了。信陵君手举虎符，下令说："父子都在军队里的，父亲回去；两兄弟都在军队里的，哥哥回去；身为独生子的，回国赡养双亲。"十万将士中，符合回国条件的有两万人。

信陵君率领剩余的八万将士奔赴赵都邯郸，击退了由王龁率领的秦国大军。

当时，"战国四公子"之一的楚国春申君也率兵参战，援助赵国。

关于这次战役，《史记·秦本纪》中仅有不足十字的记载：

> 龁攻邯郸，不拔，去。

然而，在这寥寥数字的背后，却有这样一段为人称颂的侠士传奇。

邯郸解围后，平原君背着箭筒在前面为信陵君带路。在赵国的宫廷里，赵王连连向信陵君拜谢。这些自然不在话下。

而信陵君先让如姬盗取虎符，后又假传魏王之令进兵，当然也无法再回魏国了。他让八万将士返乡，自己则独自留在了赵国。从前的门客见状，陆续来到赵国投奔他。

其中，就在邯郸解围后不久，第一位来自魏国的门客见到他时，说道："我有个悲痛的消息要告诉您。"

"夷门的侯爷去世了，是吗？"信陵君问道。

"是的……"那门客一脸诧异，猜不透信陵君是怎么知道的。

"他是什么时候、怎么走的呢？"

"十二月一日那天，刎颈自尽。"

"噢，正是我抵达邺城的当天啊！"信陵君长叹一口气。

身旁的朱亥听后号啕大哭，说出了实情："侯爷说过，他会数着日程，等公子到达晋鄙军营那天，就向北自刎。"

这时，信陵君回想起侯爷曾说："晋鄙将军在去往冥府的途中，一定会有相匹配的人物与他结伴同行。"顿时恍然大悟。

8

接下来是后话了。

在魏国时，信陵君就听闻赵国的毛、薛二公素有贤士之名，这次难得来到赵国，很想拜会一下这两人。毛、薛二人因不愿仕官，隐居于民间。当听说信陵君想见自己之后，都立刻躲了起来。

信陵君的门客通过各种途径和关系，最终还是找到了他俩：毛公混迹于赌徒之中，而薛公则藏身于卖豆酱和酱油的杂货铺里。这两人见信陵君如此有诚意，都非常吃惊，同时也知道自己再躲下去也不是办法。后来，他俩成了信陵君的挚友，信陵君时常上门拜访，彼此谈得很投机。

平原君听说此事后，对妻子说："我向来听说你弟弟是天下无双的贤士，想不到他竟然和赌徒、商贩之流混在一起。哎呀，他难道就不觉得羞愧吗？简直太庸俗了！"

信陵君从姐姐口中得知此事后，当即和姐姐道别，收拾行装，准备离开赵国。

他对姐姐抱怨道："我以前听说姐夫是贤明之士，所以才背叛兄长，前来救赵。可是，听了刚才那番话，我才知道平原君的热情好客不过是故作姿态而已，并非真心想招贤纳士。他凭什么认为，赌徒和商贩里头就没有能人呢？像他这样的人，不值得结交。我还是到别处去吧。”

他姐姐又连忙将这一席话转告给平原君。

这次纠纷，最终以平原君脱帽谢罪平息下来。

经历此事之后，据说平原君的许多门客都转投信陵君门下了。或许有人会批评这些门客，说他们没有节操吧。不过，正所谓“士为知己者死”，大家都可以根据意愿投靠更杰出的人物。这也是战国时期社会透明度高的表现之一吧。

得知信陵君留在赵国后，秦国更加肆无忌惮，频频发兵掠夺魏国的领土。

魏王因虎符被盗之事而对信陵君十分恼怒，但他毕竟是个现实主义者，知道当务之急是保卫国家。因此，他请求信陵君回国。但信陵君却担心魏王余怒未消，对其请求不加理睬。

这时，出来劝谏信陵君的正是毛公与薛公。“魏国正处于危急存亡之际，公子难道不担忧吗？如果秦军攻破魏国都城大梁，将先王的宗庙践踏于铁蹄之下，公子又有何面目立于天地间呢？”

两人话音未落，信陵君已大惊失色，下令收拾行装，准备回国。

就这样，在赵国流亡十载之后，信陵君终于回到魏国，还担任了魏军的最高统帅。

信陵君的名声早已传遍天下。各诸侯国纷纷派遣将士，加入其军队。最终，信陵君成为五国联军的统帅，在黄河南边大破秦军，并一路追击至函谷关。

之后很长一段时间，秦军都不敢出关。

于是，秦国决定改变方针，采用计谋。

他们花费了黄金万斤打点关系，让人散布流言：“信陵君欲南面称王。”

为秦王此计奔走效力的，正是当初在邺城被信陵君所杀的魏将晋鄙的门客。他们虽然大多是魏国人，但为报主公之仇甘愿受秦王差遣。这样的战国风气，虽然看似主次不分，但实际上暗合于“统一中国”的时代趋势。从某种意义上也可以说，正是这样的时代精神促成了秦国的统一大业。

言归正传。

且说秦王老谋深算，假意派使者送了一封贺信给信陵君，祝贺其成为魏王。终于，魏王也开始怀疑信陵君有不臣之心，于是便撤销了他的将军之职，而委派他人接替。

信陵君心灰意懒，就谎称生病，不再出仕。此后，他连日与门客通宵夜宴，沉迷于女色，过着花天酒地的生活，四年后就病逝了。

给信陵君提议借酒消愁的，正是那位朱亥。

信陵君晚年时，某日与朱亥饮酒闲聊，突然想起一事，就问道：“我迎接侯爷去赴宴的那天，他中途绕道集市和你聊了许久。当时，他究竟对你说了些什么呢？”

“师傅当时是这么跟我说的：‘我给自己定了条规矩：如果谁和我下棋时能下出输三目以外的结果，我就和他一起去当门客。现在，我打算去信陵君门下养老，但暂时不能带你一同前往。因为从你的棋路来看，我认为你并不适合待在信陵君身边。所以，无论他怎么劝你，你都不要去。等到合适的时候，即需要用到你的决断力、胆量、力气的时候，我会向信陵君推荐你的。到时，你就慨然赴死吧！我也会去死的……’师傅所说的这番话，我一直记着。确实，一切都如他所说。”

“原来如此……”信陵君呷了一口酒。稍过片刻，又说道：“你师傅让你慨然赴死，那你为什么还一直活着呢？”

“我成功地杀死晋鄙了呀！”

“没错，是成功了……但侯爷是这样的意思吗？”信陵君满脸疑惑，又斟了一杯酒。他心想：自己要不是听从了朱亥的提议而借酒消愁，如今也不至于堕落成这个样子吧。看来，侯爷早有先见之明，所以才让朱亥‘慨然赴死’。可惜朱亥却没能领会他的意思，一直苟活至今……

信陵君举起酒杯，嘀咕了一句：“这倒是侯爷没想到的呀。”

“没想到什么？”朱亥问道。

信陵君只是凄然一笑，并没有回答……

季布一诺

张良劝刘邦道："首级既已让他们看过了，这么血腥的东西就应该赶快处理掉。"

"噢，怎么处理呢？"

"埋掉它。葬礼就由我来安排吧！"

"好。"

刘邦很信任张良，一直以来，只要按他说的去做，就没出过什么差错。为项羽举行葬礼，刘邦也不知道有什么好处，不过既然张良这么说了，就一定有他的用意吧。

项羽原先曾被楚怀王封为"鲁公"。所以，张良就按鲁公的规格厚葬项羽。

"就算你心里不觉得悲伤，也得哭。而且要放声大哭。"张良叮嘱刘邦道。

刘邦依照张良的嘱咐，亲自来到项羽的墓前放声大哭，以表哀悼之意。

刘邦心想：宿敌终于死了，自己怎么可能会感到悲伤呢？然而，发出号哭时，刘邦竟然渐渐悲从中来，不由潸然泪下。

鲁城是个极为重视礼仪的地方。所以，当地百姓看见刘邦如此声泪俱下，无不大为感动，觉得刘邦是个值得敬佩之人，甚至连项羽原先领地的百姓都这么认为。张良所期待的，正是这种敬佩之情所带来的连锁反应。

赦免项羽一族也起到了同样的效果。如果换作项羽，既然打败了宿敌，大概会将其满门抄斩吧。另外，刘邦还把项伯封为"射阳侯"——在鸿门宴上，项庄舞剑伺机行刺刘邦的时候，正是项伯站出来保护自己的。

接着，刘邦又听从张良的提议，宣布天下平定：

兵不得休八年，万民与苦甚。今天下事毕，其赦天下殊死以下。[1]

群臣请汉王刘邦登基称帝，刘邦推辞三次之后才决定即位。当然，这种推辞只是一种形式。当时的人们认为：天子是因为德高望重而受众人推举，不得已才即位称帝的。

刘邦一向不拘小节，但在处理这等大事时，都会听从张良的劝谏，走一走形式。

——摘自《小说十八史略》第二卷《黄金之世，顶峰之人》

[1] 语出《汉书·高帝纪》。“殊死”，意为罪该问斩的犯人。

1

季布捧起山涧之水，一边洗脸，一边自言自语地说道：“我一定能行的，一定会渡过难关的……”

现在，他正陷入走投无路的困境里。但他相信：既然一直以来都能够化险为夷，那么现在也没有跨不过去的坎儿。

季布是虔诚的命运信徒。他深信自己是天选之人，出生于幸运之星的庇护下。每当自己的命运中出现阴霾时，他只要以凉水洗脸，那些阴霾就会立即被驱散——之前已经有过多次这样的经历。

“哥哥为什么会这样呢……？”弟弟季心总是觉得疑惑不解。

季心胆识过人、性情豪爽，很有威望。然而，此人却没能当上指挥大军的将领，聚集在他周围的，无非赌徒、贼子之流。而兄长季布，虽然胆识也高于常人，但与季心相比，还是要逊色许多，可他却在项羽麾下统率大军，屡立战功。季布还有一个同母异父的弟弟，名叫丁公，也是项羽的部将。若论智谋，丁公远胜于季布。

“看来只有我一无是处呀！”

因为有两个优秀的弟弟，所以季布从小就一直感到很苦恼，并深刻地体会到：自己也必须得有一技之长才行。

“有了！”一天，少年季布突然想到自己能做什么了——遵守约定。

这是件寻常小事。所以，想要以此成名并不容易。

季布是楚国人。楚国大致位于现在的安徽、湖北一带，境内有众多河流、湖泊。

十二岁那年，季布与附近的顽童们约好要一起游到芹池对面去。他水性虽好，但芹池很大，要从村子祠堂游到对岸的大柳树边再游回来，对大人来说都并非易事，何况约定的那天早上雷雨交加，并不适合出游。

“反正，要遵守约定。”季布内心早已把信守承诺当作自己的唯一优点。

他深一脚浅一脚地来到芹池边，池塘周围堆放着石块，相当于堤坝。季布坐在石块上，环顾四周。旁边就是祠堂——之前和小伙伴们约好了在这里碰头——但小伙伴们一个都没有来，可能是害怕打雷下雨吧。

“只有我一个人遵守约定。”季布心中得意扬扬。

但这种优越感没能持续多久。他突然“啊——！”的一声惨叫……

暴雨冲刷下，池边的泥土松了，他坐着的石块摇摇晃晃地掉进了池里。当然，坐在石块上的季布也“扑通”一声栽进了水里。

暴雨拍打着水面，越来越多的雨水流入池中，形成了漩涡。在这样的恶劣环境下，季布被呛得喘不过气来，根本无法游动，眼看着就要淹死了。

然而，不幸中的大幸，村里人担心池塘堤坝危险，所以组织了几个小伙子来到池边勘查情况。这时，他们发现了在水中拼命挣扎的季布：他被卷入漩涡里，手脚拼命乱动，想从漩涡中逃出去。小伙子们忙把竹竿连接起来，递给他——就连大人也感到害怕，不敢跳进水里救人。

被救上岸的季布奄奄一息。当他清醒过来时，第一句话就说：“要遵守约定嘛。”也许，当时他神志还不太清醒，只是在说梦话吧。

就这样，少年季布因为“死也要遵守约定”而名声远扬。

当然，在传闻中，季布已经不再是“因为岸边石块松动而掉进水里”的顽童，而摇身一变成为“英姿飒爽地跃入水中”的少年。至于为什么穿着衣服游泳，则解释为：因为天冷，所以没脱衣服就跳进水中。

季布的所谓好运气，就是指诸如此类的事情；还有很多其他例子，足以证明季布有着不可思议的好运气。自然，他心中暗自期待：这次应该也能逢凶化吉吧……

这次，季布成了逃亡败将。

全国各地都张贴着他的头像——汉高祖出千金悬赏，欲取其脑袋。告示上还说：胆敢包庇窝藏者，株连三族——“三族”，指的是父亲、儿子、孙子三代。另一说为父族、母族、妻族。无论哪种说法，包庇窝藏者不光自身难保，家人也会被杀掉。若非侠义之人，是断然不敢冒这个险的。

眼下，季布躲在濮阳一户姓周的人家里，但这里也并非久留之处：虽然这家主人从前曾受过季布关照，想要报恩，但毕竟关系到全家性命，所以也不可能一直把他藏在家里吧。

“一定会渡过难关的。”季布像念咒一般自言自语，随即又用双手捧起山涧水，泼到自己脸上。

水从鼻孔沁入体内，感觉凉丝丝的，令人神清气爽。

2

逃亡败将最是凄惶，无论哪个朝代都一样。但如果生在战国时期的话，倒是能逃到其他国家，寄人篱下，静观事态发展；然而，天下统一之后，就很难找到藏身之处了。

公元前 221 年，秦始皇统一天下；这种统一，也有其勉强之处。所以，秦成了短命王朝，仅仅持续了十几年[1]就灭亡了。此时的中国面临着关键的变局——或是再次分裂，或是继秦王朝之后再次出现一个统一王朝。后来，在汉王刘邦（高祖）与楚王项羽的争霸中，刘邦最终获胜，从真正意义上奠定了统一中国的基础。

天下统一固然可喜可贺，但对于逃亡败将来说，却是痛苦之事。

季布是项羽麾下的部将。

刘邦、项羽争霸，项羽本来一直占尽上风，直到后来局势才发生逆转。季布作为项羽的部将，曾打过许多胜仗，让刘邦吃尽了苦头；刘邦对季布恨之入骨，一心想早日抓到他，将他大卸八块，所以才会出千金悬赏取其脑袋。

当然，不仅是季布，项羽的主要部将都被以重金悬赏捉拿。至于悬赏金额，则是根据其职位、对刘邦军队的打击程度而各有差异。悬赏千金，当属于最高级别。千金，在当时是一笔巨款，即便子孙三代光吃不做也用不完。

自然，有回报丰厚的悬赏也就出现了觊觎赏金者。他们就好像淘金热时期的勘探者一样，周游各地，探寻重要通缉犯的下落。其中，有个叫曹丘[2]的人。

曹丘与季布都是楚国人，他曾经是一名说客。战国时期的说客主要游说两件事：

其一，如何使本国与其他各国并立，使本国保存下去；

[1] 秦朝：公元前 221 ~前 207 年，国祚十四年。

[2] 曹丘：亦作曹丘生，“曹丘”为复姓。

其二，如何打败其他各国，实现天下统一。

现在，既然天下已经统一，那么第二件事已经实现；而各诸侯国都已灭亡，所以第一件事也无处可说了。也就是说，说客已经完全没有用武之地。只有最出色的雄辩家才会被聘为顾问，参与国政；其他众多说客，只会被扫地出门，不得不另谋生路。

曹丘选择的新行当是探寻逃亡败将的下落，以领取赏金。

从前当说客时，他曾周游列国，对地理情况十分熟悉，而且也积攒了许多人脉。中国虽然大，但能躲过朝廷追查的藏身之处还是很有限的。曹丘心想：可以靠这个发财。

既然要探寻逃亡败将的下落，当然首选悬赏金额最高的。“那就选季布吧。”曹丘很快选定了目标，就像在集市上购物一样简单。

首先要了解敌情。

《孙子兵法》说：“知己知彼，百战不殆。”这是一切行动的出发点。为了研究季布的相关情况，曹丘去了一趟季布的老家。

“季布将军现在怎样了呢？”在季布老家，季布仍是大家关心的话题。所以，当身为楚人的曹丘用家乡方言探听情况时，谁也不会觉得可疑。

有一位姓曹的老铁匠，因为同姓三分亲，就把关于季布的许多情况告诉了曹丘：“有件事情，只有我一个人知道。现在总算可以说了……”

接着，曹大爷就把事情经过告诉了曹丘。

季布二十岁那年，有个强盗被人追赶，逃到了他们村子附近，大概就躲在村子后面的小山里。这强盗是个穷凶极恶之徒，之前已有十几条人命在身；如今走投无路，更不知会干出什么事来。他就像是一头逃出牢笼、重返山林的野兽，让村民们感到十分恐惧。

“咱两兄弟分头上山，把那个强盗抓出来吧。”季布的弟弟季心说道。当时季心年仅十八岁，却早已经是有名的勇士。

“好吧。”哥哥季布只得答应。

于是，季心从前山、季布从后山分头上山抓强盗。结果，那个躲在后山的强盗被季布杀死了。

“果然厉害！”村里人都十分佩服。

一直以来，兄弟俩给人家留下了这样的印象：弟弟季心以勇猛而闻名；而哥哥季布却只有遵守约定这唯一的优点。然而，当看到凶狠的强盗被一剑封喉之后，大家也不由对季布刮目相看。

“其实，那个强盗是因为觉得走投无路，才在后山自杀的，一剑刺穿了自己的喉咙。”曹大爷说道。

“真的？”曹丘问道。

“当然是真的。我是亲眼看见的，千真万确。”

那天，曹大爷家里没有木柴了，打算出去捡些枯枝枯叶。因为听说凶残的强盗躲在山里，所以他没敢上山，只在山脚附近捡柴。他心想：够这一两天烧就行，等强盗被抓住以后再慢慢捡。然而，他却在山脚下发现了一具尸体——一个面相凶狠、满脸胡茬儿的大汉——用自己的剑刺穿了喉咙。

胆小的曹大爷顿时吓得两腿瘫软，踉踉跄跄地爬回家里。当他正打算把这事告诉大家时，却听到外面已在风传“季布杀死了强盗”的消息。在那种氛围下，“强盗是自杀的”这样的话根本就说不出口；就算说出来，又有谁会相信呢？所以，曹大爷之前从来没有对任何人提起过。

“现在总算可以说了……可是，直到今天，我就算说‘那强盗的脑袋是季布捡来的’，也很少有人相信。”曹大爷摇头说道。

毕竟，季布是“遵守约定”的名人，也就是说，他说话一定算数，绝不会撒谎。所以，谁都不相信季布会把那个自杀的强盗说成是自己杀的。

在楚国，“季布一诺”成了家喻户晓的谚语。甚至在《史记》里也加以引用：

> 得黄金百斤，不如得季布一诺。

只要是季布拍着胸口保证的事，就一定没错。

可是，按曹大爷所说，季布却撒了谎。

曹丘目不转睛地盯着曹大爷的眼睛，心想：这个老铁匠说的应该是实话。

3

曹丘在季布的老家逗留了五天。正准备离开时，突然下起了倾盆大雨，雷电交加。

曹丘来到村边的祠堂里避雨。里面有几个人似乎在争执着什么。

“简直胡说八道。老大爷，你一定是老糊涂啦！”

“就是嘛，季布怎么会说谎呢！”

“季布既然说是游过去的，那就一定是游过去的！”

这几个人正七嘴八舌地斥责一位老人。

老人用手指着祠堂门外的芹池，反驳道：“那个池塘能游泳吗？当时可下着比现在更大的雷雨哟！”

曹丘在旁边仔细地听着，心想：原来他们又在谈论季布按约定冒着雷雨游过芹池的事迹。

“当时，我刚好去查看堤坝情况。”老人说道，“堤坝上有一块石块掉进了池里……季布那小子就坐在石块上，跟着石块一起‘扑通’掉了下去。”

“胡说八道。老大爷，我看你真的是老糊涂了。”一个小伙子骂道。

周围天色昏暗。这时，空中划过一道闪电，将每张脸照得煞白。就在这闪亮的一瞬间，曹丘看见了老人的眼睛——这眼神和铁匠曹大爷的眼神一模一样。这个老人也相当固执，对于自己相信的事情绝不让步。看来他一定没有说谎。

“我没有说谎。堤坝上真的有一块石块松了，掉了下去。”老人坚持说道。但没人理他。

“季布说的话，一定没错！”这一句话就足以将老人的说法完全否定了。

雷雨停了。曹丘离开祠堂，向北面走去。他抱着胳膊，一边走一边沉吟道：“嗯……季布也许是难得一见的幸运之人。”——不小心掉入池塘里，却被大家夸赞为遵守约定；和弟弟上山夹击强盗，却意外地捡到便宜……

曹丘从与季布有关系的人当中，梳理出几位侠义之人——窝藏季布者，会被株连三族，所以，敢冒险窝藏季布者，必定是一位侠义之人。曹丘通过推测，断定季布很可能藏身于河南濮阳一位姓周的侠士家中。于是，曹丘便赶往濮阳。

他心想：就算你是个幸运之人，也总有运气用完的时候……

走到半路时，曹丘听说季布的同母异父弟弟丁公被处决了。

丁公也是项羽的部将。从小就有智谋过人之誉。刘邦、项羽争霸时期，丁公曾在彭城西边痛击刘邦的军队，并且挥剑追杀（上杉谦信在川中岛之战[1]中挥剑追杀武田信玄的场面与此颇为相似），差点儿让后来成为汉高祖的刘邦没命。

千钧一发之际，刘邦对丁公叫喊道："两贤岂相戹哉！"意思是说：你我乃当世两大豪杰，又何必互相残杀呢？

丁公心想：这话倒也有道理。被对方称作"当世豪杰"，丁公自然心花怒放，于是就下令退兵。

后来，刘邦夺取了天下。丁公虽曾为项羽部将，但他经常以刘邦的救命恩人自居。其他人也夸赞道："丁公真厉害，不愧是足智多谋之士。"

大家都说："丁公很有远见。项羽虽然是旷世英雄，却总是自命不凡，容不得别人的意见，因此缺乏王者之气；而在这方面，出身低微的刘邦却经常能虚心听取幕僚及部下的意见，这才是真正的王者。丁公早有先见之明，所以当时才放走了刘邦，也为自己留了条后路。"

丁公前往拜见汉高祖刘邦，脸上毫无惧色。他满以为：自己曾经救过刘邦一命，当然会得到重赏的。

不料，刘邦竟然下令："将此人拉去军中示众！"

丁公不敢相信自己的耳朵——拉去军中示众，是为了儆惩众人。按照惯例，示众之后一般都要问斩的。

丁公急忙说道："我是丁公呀！当年在彭城西边……"

没等他说完，刘邦就打断了他的话："噢，我当然知道，这个名

[1] 川中岛之战：日本战国时期，发生在甲斐国大名武田信玄与越后国大名上杉谦信之间的多次战役。因最激烈的第四次战役（1561 年）发生在川中岛而得名。

字我怎么会忘记呢？”

“我就是当时救过您性命的……那个丁公呀！”

“我知道。我刘邦怎么会忘记当时的事呢？如果当时你杀了我，现在就是项羽的天下了。但你放走了我。你身为项羽的部下，却做出背叛主公之事，可谓不忠。所以，今天要把你拉去军中示众，然后问斩。”

“啊……”丁公本是智谋之士，一下就明白过来：刘邦想以处决自己来儆惩部下——千万不可背叛主公。

“你好像还有什么话要说吧？”刘邦问道。

“当然。”丁公回答道，“我丁公对汉王（即刘邦）之智谋甘拜下风。你必须这么做。将我问斩之后，汉王军中就没有人敢再怀有二心了。”当年，丁公正是怀有二心，所以才放走了刘邦。这原本也是他的智谋。

曹丘听说了丁公的下场后，不由叹息道：“唉，季布不像他弟弟丁公那样足智多谋，这或许也是他的幸运吧！”

曹丘放弃了捉拿季布以领取赏金的计划。但他仍然马不停蹄地赶往河南濮阳。

这次，他打算找到这位幸运之人，以便自己也能沾沾光。

4

那个陌生人并没有指名道姓地说要找季布。

在小棚屋后，有个陌生人向将季布窝藏在家中的周老爷搭讪。这位周老爷是个胆识过人的侠士，他故意假装糊涂，至少在表面上没有流露出惊慌之色。其实，他内心却感到无比震惊。

那个陌生人对他低声耳语道：“……周老爷，听说您家中有一只硕大的毒鼠。毒也可入药。我认识的郎中里头，就有人很想要这种毒鼠，经常到处求购。但饲养毒鼠是犯法的，要是被官府知道了，可不光是杀头那么简单哩……所以，周老爷，我想和您商量一下——您能不能偷偷地把那只毒鼠卖给我呢？请放心，我绝不会对别人说是从您家买到的。我就说：我在这附近闲逛时，碰巧看见它到处乱窜，就一下把它抓住了。这种毒鼠是世间罕见之物，所以那个郎中才对它垂涎三尺呀……我出价五十金，如何？您卖掉它，也算是免除杀身之祸。这个价格已经相当高啦……周老爷，您好好考虑一下吧……”

那陌生人把头上的竹笠压低了些。竹笠下，双眼放光，而且不时眨巴着，似有深意。

周老爷干咳了一声，说道：“噢，我家里有这种东西吗？……我回去找找看。”

说完，他就扬长而去。

看着他的背影，那个头戴竹笠的陌生人——曹丘心想：季布一定就在这里，不会有错的。

周老爷非常紧张：如果不尽快采取对策，就会大祸临头，而且殃及父亲和子孙。即便身为大侠，这也是令人恐惧的事。因此，他不由自主地加快了脚步。但同时他又意识到对方此时一定盯着自己，于是有意放慢了步伐，感觉双脚都有些不听使唤。

“对了，那个陌生人说让我把季布卖给他……”还没走到家，周老爷就从曹丘的话里想到了一个主意。

一回到家，周老爷就来到季布的藏身之处，对他说：“将军，汉王对您的搜捕越来越严，大概很快就会追查到这里了，此地也不宜久留。我有个请求，不知您可否按我所说的去做。如果您不愿意的话，就请您在此自行了断[1]。”

“你说吧，我照做就是。”季布回答道。

随后，周老爷就剃光了季布的头发[2]，给他穿上奴隶和囚犯才穿的粗布褐衣，还上了枷锁。当时佛教还未传入中国（佛教传入中国是东汉时期，而文中尚在西汉初年），尚无僧侣之徒，一般人都留着长发，并束发戴冠；除非是特殊身份的人，譬如奴隶，或者受刑之人才会如此打扮。现在，无论怎么看，季布都像个奴隶。

奴隶是不被当人看待的，他们就像牲口一样，可被主人随意买卖。周老爷刚才在屋后听了那个“陌生人”的一席话后，考虑到自己和家族的安全，决定将季布打扮成奴隶的模样，然后卖掉。这做法似乎不太地道，但周老爷实在想不出别的办法了，何况这么做也是为了保全季布的性命。因此，绝不可卖给不义之人。

周老爷跪在地上，磕头说道：“在下曾受将军恩德，愿意舍命保护将军。但如今之事牵连三族亲人，我所能做的也就到此为止了。就算有人嘲笑周某并非真侠士，在下也无话可说。接下来，我会把将军托付给真正的义士。”

“噢，是要把我送去鲁地（今山东省）吧？”季布问道。

周老爷用广柳车载着季布，驶往鲁地。

所谓“广柳车”，就是运送棺材的丧车，外面有覆盖物，不会被人看见车内。所以，想要运送不愿被别人看见的东西时，人们通常会

[1] 此处原文如此，应系讹误。因为《史记》中载：“即不能，愿先自到。”意为：如果您不能做到的话，我情愿先自杀。

[2]《史记·季布栾布列传》中载：“乃髡钳季布”，就是将季布头发剃掉，用铁箍束住脖子。“髡钳”为古代的一种刑罚。

使用广柳车。按当时习惯，买卖奴隶时也会用广柳车运送。

当时，身为地痞流氓的刘邦在夺取天下之后，想要举行庄重的封禅仪式；但他手下大都出身卑贱，懂礼法之人甚少。于是，他就起用儒生讲授礼法。这些儒生，几乎都来自孔子的故乡——鲁地。

韩非子曾将儒者和侠者相提并论，并断言说："儒以文乱法，侠以武犯禁。"从法家的角度来看，在破坏现有体制这一点上，两者有相通之处；同样，盛产大儒的地方也会出大侠就不足为奇了。

在儒风盛行的鲁地，就有这样一位天下闻名的大侠——朱家。关于这位"朱家"，有种说法认为是朱家之主；但从《史记》的文字逻辑来看，此处是指姓"朱"名"家"之人更为妥当。周老爷正是要把奴隶装扮的季布卖给这位朱家。

他对朱家说："天下虽大，但这个奴隶只能卖给你。如果卖给皇帝陛下的话，身价能涨四十倍呢。"

朱家一下就明白了。

两人同为侠士，所以朱家对周老爷也很了解。他知道周老爷既不会强行兜售奴隶，也不会跟人谈价钱；此事必是万不得已而为之。而且，周老爷的眉宇间还流露出非同寻常的神色——这个奴隶的身价为二十五金，涨四十倍的话，就是千金。千金悬赏之人，屈指可数。而其中谁和周老爷有关系呢？答案已经呼之欲出。

朱家心想：原来是季布将军……

但他只是点点头，并没看那奴隶一眼。

5

朱家买下奴隶后，将他引见给自己的儿子，并叮嘱说："关于田里的事，要听从这个奴隶的吩咐。另外，一定要和他一起用膳。”听从吩咐，意即向对方请教，也就是尊其为“师”；一起用膳，就是要尊其为“客”。朱家儿子从父亲的话里听出这个奴隶绝非等闲之辈，自然不敢怠慢他。

“我去拜访滕公。”朱家说完，就坐上一辆轻便的马车，往洛阳驶去。滕公，就是汝阴侯夏侯婴，现为皇帝刘邦的近臣。

其实，刘邦能够夺取天下，也借助了全国各地众多游侠的力量。朱家身为天下闻名的侠客，自然与刘邦的近臣交情匪浅；但他平时都尽量避免与这些权贵见面，除非是万不得已。对于朱家而言，现在正是万不得已的时候。

且说曹丘一直在耐心等待，只是苦于和周老爷再难见面，好不容易又碰到了，曹丘连忙上前打招呼。周老爷却装糊涂：“咦，你是哪位？”

“我上次来找过你，想买毒鼠呀！”

“哦，你这么一说，我记起来了。听你说一只毒鼠价值千金，所以我回家后到处拼命找，可惜没有找到……哈哈哈……既然找不到，就没法卖给你啦！”说完，周老爷满脸轻松地离去。

曹丘心想：完了！上次来的时候，季布肯定藏身于周家。但现在从对方表情来看，肯定已经转移到别处去了。

曹丘急忙追上前去，缠着他问道：“请你告诉我毒鼠在哪里！我并没打算把它卖给郎中，我只是想买来自己养而已。”

“我听不懂你在说什么。”周老爷说着，甩开被对方拽住的衣袖。

曹丘拼命喊道：“不，不是我养它，而是想让它养我！”

“哈哈哈，我还是第一次听说想让老鼠养人的，简直闻所未闻！你该不是脑袋有什么问题吧？不如请那位寻找毒鼠的郎中帮你看看吧。”说完，周老爷就扔下曹丘，扬长而去。

在“追寻季布”的过程中，曹丘逐渐陷入了一种执念：对自己而言，季布就像一道曙光。如果没有这道曙光，就会迷失自我；如果不是被季布这道曙光照亮，甚至感觉不到自己曾经活在这世上。总而言之，季布对于自己有着无可替代的意义。

现在，曹丘紧咬着嘴唇，意识到自己是多么渺小。

经过多方调查，曹丘终于探听到：前不久，周老爷为了卖奴隶而去了一趟鲁地。

“原来如此！”曹丘恍然大悟。一提到鲁地，他立刻想到了大侠朱家之名。那个周老爷大概算是个“中侠”，而今遇到棘手之事，所以就把季布将军推给了“大侠”。一定是这样！

于是，曹丘立刻打点行装，前往鲁地。然而，他还是来晚了一步。

季布将军此时已经不在朱家宅中；而且，他的住处也无须再保密了——他已经不再是官府通缉捉拿的逃亡败将了。

事情缘由是这样的：

朱家前往洛阳，见到滕公后，问道：“季布犯了何等大罪，以至于皇上非要捉拿他不可呢？”

“他作为项羽的部将，曾让皇上吃了不少苦头。”滕公回答道。

“那您觉得季布这人如何？”

“他是一位贤能之人。”

“季布同母异父的弟弟丁公曾救过皇上一命，却落得个背叛主公的下场而被问斩；由此看来，曾让皇上吃尽苦头的季布，可谓是项羽的忠臣了。背叛主公之人要杀，忠于主公之人也要杀吗？这样合适吗？如今皇上已得天下，就应该多考虑天下大事，而非个人私仇……

“这种行为如果传扬了出去，又会如何？而且，如您所说，像季布这样的贤能之人，若是皇上追查得紧迫，他必定会逃往匈奴或是南越。这无异于逼迫贤人远走敌国，徒增敌国势力啊！难道就没有哪位忠臣向皇上提出劝谏吗？”朱家说完，便津津有味地喝起酒来。

滕公觉察出来，眼下季布应该就躲在朱家的住宅里。

后来，在滕公的斡旋下，季布得到了赦免，并待头发留长之后去参见了皇上。

曹丘得知此事后，便离开鲁地，前往都城长安。

6

季布得到赦免后，被任命为“郎中”——郎中是武官，以现在的军衔来说，大概类似上校，最高也不过相当于少将吧。

某日，季布在大门口准备乘坐马车去上朝时，突然发现有个男人正倚靠着对面的墙往这边看。这个男子的面孔似曾相识，季布在马车上想了许久，快到宫门前时，才终于回想起来：噢，原来是昨天那个人……

昨日，季布在宫门前下车时（文武百官到宫门前都必须下车），忽然发现有个陌生人正蹲在路边仰望着他，那人的眼神给季布留下了深刻的印象。京城，乃繁华之地，居住人口众多；在一般情况下是不会和一个陌生人频繁地相遇的。因此，季布觉得这是个颇为难缠之人。

次日，季布府上来了一位稀客，主人便邀他一同外出打猎。这位稀客，正是以贩卖奴隶之名救了季布一命的周老爷。

猎场小憩时，两人同时注意到在门卫岗哨旁，有个男人突然闪出，随即又缩了回去。

周老爷问季布："您认识那个人吗？"

"最近遇到过好几次了，但不知道他是干什么的，真奇怪。大概是巧合吧。"

"不，不是巧合。这个人嘛……"

于是，周老爷就把曹丘上门求购毒鼠的事告诉了他。

季布笑道："噢，原来是打赏金主意的人呀……幸亏你和朱家相助，我季布不必再整天东躲西藏了，我也再不怕那些想拿我人头去领赏的人了。哈哈哈……"

"这可是个难缠的家伙哟。我听一位来自鲁地的门客说，有个外地人专程跑到鲁地去寻找你的踪迹，打听你的消息。据说，那人的长相就像是这个求购毒鼠的人。"

"噢，居然有人这么执着地追查我的下落啊……可惜劳而无功啦……"

几天后，窦太后的弟弟窦长君[1]派使者送来一封信。信中写道："有个名叫曹丘的人很想见你。我受其所托，写了这封介绍信，但也没让你非答应见他不可。你如果不愿意的话，将他赶走即可。"作为介绍信来说，这封信似乎不太热心，字里行间透露出不愿给季布添麻烦的顾虑。

既然天子外戚写信引见，季布也不好拒绝，于是就让管家将客人请进客厅，季布自己也放下手头的事，快步出来见客。当他踏进客厅

[1] 此处有误，窦长君应为窦太后的兄长，《汉书·外戚传》载："窦后兄长君。弟广国字少君。"

的那一瞬间，不由“啊”地叫出声来——这个曹丘，正是此前见过几面的那个可疑之人，即周老爷提到的求购毒鼠者。此时，这人正大大咧咧地站在客厅里，抬头微笑地望着来人。

季布顿时感到不快，这是一种发自肺腑的厌恶。他想起介绍信中所说的“你如果不愿意的话，将他赶走即可”，便怒喝道：“我不想见你。你走吧！”

曹丘突然“哇”的一声哭倒在地——明明刚才还笑嘻嘻的，转瞬间就痛哭流涕，这在平时是极为少见的，就连曹丘自己都感到吃惊；何况他并非假装，一切都是情不自禁、自然而然的反应，足见此时的曹丘情绪波动之大。

“你为什么突然大哭起来呢？”季布问道。

“我从前曾游说列国，以卖弄口舌为生，但现在已经失业很久了。您也知道，如今这世道，我们这些辩才已经没有用武之地了。但我还是希望能充分利用自己的三寸不烂之舌，尽情地发挥自己的口才，并看到成效。除此，别无所愿。”曹丘一边抽泣一边回答。而且，他也从这回答中窥见了自己的本心。

季布挺起胸膛，问道：“这跟我又有什么关系呢？”

“将军，您曾经之所以受到项羽的重用，果真是因为智谋出众、勇气过人吗？”

“你觉得不是吗？”

“论智谋和胆识，您也许确实高于常人。但如果‘季布一诺’的名声没有在楚地流传开来的话，您还会得到项羽的重用吗？您之所以能够出人头地，还得归功于这名声啊！”

“这简直是小人之心！”季布本想大喝一声“快滚！”

但还没等他开口，曹丘就见缝插针地说道：“‘季布一诺’的名声，来自芹池游泳、山中杀贼这两件事。可是，传闻和事实真的完全一样吗？”

季布顿时哑口无言，他被这出其不意的话问倒了。

曹丘继续说道：“不小心掉进水中差点儿淹死时获救，碰巧见到自杀身亡的强盗尸体……如果这些事实被大家知道了，恐怕‘季布一诺’的名声也就无法维持了。好的传闻和名声，会把人提升到超出原本实力的层次，正如您一样。这样的人很幸运——这种运气，有一半是与生俱来的，正如您一样；当然，还有另一半，是可以人为创造出来的……”

“可以人为创造出来的……”季布喃喃地重复了一遍。

“没错！比方说，像我这样能言善辩的人，周游列国，大肆宣扬您的事迹，会有什么效果呢？这就是我想做的事。自从您躲进濮阳周家以来，我就一直在打探您的消息。我认为您是个幸运之人，因此希望自己也能沾沾光。我会凭借这三寸不烂之舌将您的名声发扬光大，让运气能长伴左右。您正是能帮我实现愿望的贵人。我想，对于名声所具有的威力，应该没人比您体会得更深吧！”

听完曹丘的话，季布闭目沉思了一会儿，随即低声说道：“进屋里谈。”

7

季布确实是个幸运之人。

刘邦在统一天下之后，曾全力肃清开国功臣。当时，正值王朝草创，根基尚不稳固，如果出现强有力的对手，就很可能威胁到自己的王位。而那时的实权者，正是各位开国功臣。

譬如，曾以受胯下之辱而闻名的韩信，是创建汉王朝的最大功臣之一，然而他最终却被冠以谋反的罪名处以极刑。韩信有这样一句名言：

狡兔死，良狗烹；高鸟尽，良弓藏；敌国破，谋臣亡。

这句话的意思是说：如果猎物死掉，猎犬也就没用了，会被煮来吃掉；如果没有了高空飞鸟，良弓就会被收起来；如果天下统一了，功臣们就会因为碍事而被杀掉。

此外，韩王信（与韩信并非同一人）也被杀了，梁王彭越也因有谋反之嫌疑而被杀，囚犯出身、勇猛过人的黥布也被杀了，陈豨也被杀了，卢绾则被迫逃亡匈奴……

正如曹丘所预见的那样，季布可谓是与生俱来的幸运之人了。当时，季布只不过是个郎中，大致相当于旅长级别，算不上位高权重，所以也就没被列为肃清对象；而当他晋升为权力颇大的中郎将时，肃清运动已经结束了。而且，上面的高官被逐个清除掉，无异于为他铺平了晋升之途。最终，他当上了河东太守。这职位几乎是地方上级别最高的大臣了。

季布之所以能成功，除了运气之外，还要依靠名声，这得归功于曹丘。

他常周游列国，到处宣扬季布的事迹。但他并非千篇一律地吹捧，而是故意采取“贬损”的形式。例如，他对人说起季布的性格时，往往强调其“太死心眼儿”，但听众会对其产生一种“耿直”的印象。正因为不是赤裸裸的吹捧，所以反而更具有说服力。曹丘不愧是能言善辩之人。

关于季布与曹丘初次正式会面的段落，可谓是《史记》中最精彩的部分了吧。在司马迁笔下，失业的雄辩家曹丘是这么说的：

> 仆游扬足下之名于天下，顾不重邪？何足下距仆之深也！

司马迁还在《史记》列传中记载道：

> 季布者，楚人也。为气任侠，有名于楚。

然而，真正的侠士却并不是季布，而是曾经救助过他的周老爷和朱家。其中，尤以朱家更令人敬佩。《史记·游侠列传》是这么描述朱家的：

> 家无馀财，衣不完采，食不重味，乘不过軥牛。专趋人之急，甚己之私。既阴脱季布将军之戹，及布尊贵，终身不见也。

这才是真正的侠士风范。从此以后，中国的侠客莫不以朱家为榜样。

勇闯虎穴

“听说，大秦由三十六将共议国是，立贤者为王。国家若发生变故，则废其国王，另立新王，而旧王亦不敢怨……”班超长叹了一口气。

大秦是古代中国对罗马帝国及地中海东部沿岸地区的称呼。班超听说朋友家里的黑奴曾去过大秦，就特地叫他过来问问情况。有些事情，如果不是亲眼所见是回答不上来的。这个黑奴对所有问题都对答如流，看样子绝不是在吹牛。

“从西域继续往西走，就能走到大秦……”班超自言自语地说，语气满怀热情。他的哥哥班固、妹妹班昭听了都直摇头。

不过，这兄妹俩的想法却不太一样。

班家是书香门第。父亲班彪对司马迁的《史记》颇为不满，决心重修史书，并终生致力于这项事业，可惜尚未完成就去世了。长子班固继承了亡父留下的事业，并担任校书郎之职（皇室图书馆的校阅官）；女儿班昭富于文才，也在旁协助。班氏倾尽全家之力，终于完成了这部巨著——共一百篇、一百二十卷的《汉书》。

作为班家的一员，班超从小读书求学，就显露出非凡的天资；然而，他对于这祖传“家业”，却感到越来越厌倦。就好比世代行医的家中突然出现讨厌学医的孩子一样。也许，这就是所谓的“叛逆”吧。

学者的家中是非常安静的，即使在走廊上行走都不能发出响声，更别提大声说话了——这一切让班超感到无比厌倦。

每次出门在外，他都向朋友们扬言道：“好男儿手中本不该握笔，而应该握着剑！”但回到家里时，他只能小声嘀咕。

哥哥班固时常为此大皱眉头：“班家人不应该是这种性格呀！”

但妹妹班昭却十分同情：“二哥真可怜。真希望他能按自己的意愿去生活。”

班超曾多次产生过离家出走的念头，却一直下不了决心。因为母亲还健在，他不想让年迈的母亲伤心。

等到母亲去世、班超终于获得自由时，他已经四十岁了。

——摘自《小说十八史略》第三卷《深入虎穴》

1

“这个家简直死气沉沉的。这个城市也一样！”班超总是如此抱怨。

“这个家”即班家，“这个城市”即洛阳。

“好男儿手中本不该握笔，而应该握着剑！”

这句话正是班超的口头禅。乍一听，恐怕谁都会以为，说这话的是个不学无术、吊儿郎当之徒吧；但其实，班超是一位靠笔杆子谋生的人。

班家原本住在扶风平陵县，因为班固就任校书郎之职，全家就搬到了都城洛阳。校书郎职位并不高，俸禄也不甚优厚。自从担任徐县县令的父亲班彪去世之后，家里就日渐拮据起来。班超也在官府中找了份文书的差事，以赡养母亲。班超学问渊博，所以上手很快。但他其实并不喜欢这份差事，不过是为了生计而执笔罢了。擅长写作这一点，可以说是班家的血统吧。

父亲班彪在担任县令期间，就立志要撰写史书，以补太史公之缺。太史公即司马迁。

司马迁的《史记》只记录到汉武帝太初年间，因此当时有不少人为其编写续篇。可惜这些续篇质量良莠不齐，对于历史事实与史学论述也呈“百家争鸣”之态，前后矛盾，左右不一。班彪对于这种情况十分不满，决意修一部前汉史，也就是后来的《汉书》。

至于后来史书上记载，班彪上疏皇帝：汉王朝是至高无上的，汉王朝优于一切——不仅在地理上比周边各族优越，从时间上来说，也比之前的朝代优越；然而，在司马迁的《史记》中，却将夏商周三代、秦始皇、项羽与汉高祖相提并论，自己正是要修正这一情况。他这样说，或许是在为自己修史寻找合理性与官方的支持吧。但班彪还没实现编撰新史书的夙愿就去世了。

这是一项大工程。

兄长班固继承了父亲的遗志，但在即将完成之际，也去世了。最终，由妹妹班昭完成了这部巨著——《汉书》。

班家不愧是书香门第。不仅父兄是史学家兼文学家，就连妹妹也擅长写作。“有他们几个就够了……”班超会产生这样的逆反心理也不难理解。

书香门第之家是十分安静的，仿佛连空气都凝固不动，只有偶尔听到的轻轻翻动竹简和木椟的“咔嗒、咔嗒”声。当时的文字大多写在竹简或木椟上。据说，蔡伦发明造纸术是在元兴元年（105 年），而班超在公元 102 年就去世了。

班超对家里的气氛无法忍受，他想尽情搅动这凝滞的空气——当然，不是用笔，而是用剑。

但母亲还在世时，他只能暂时忍耐，且把雄心壮志深埋在心底。

渐渐地，这一愿望变成了强烈的憧憬，日夜隐隐作痛。

某日，一位相面先生对班超说：“你生得‘燕颔虎颈，飞而食肉’，这样的面相极其少见，将来必封万里侯。”听了这话，他心中才稍觉宽慰。

虽然得到了积极的暗示，当时的班超仍不得不继续为官府写文书，后来还当上了兰台令史（俸禄百石）[1]。可惜没过多久，他就因为小

[1] 兰台令史的俸禄应为六百石，见《后汉书·百官志》：“兰台令史，六百石。本注曰：掌奏及印工文书。”

事受牵连而丢了官。

妹妹班昭替他感到惋惜："哥哥，这太可惜了呀！"

班超笑着回答："哪里，一点儿都不可惜。"

"你就是嘴硬！"

"随你怎么想。"

其实，班超绝不是因为嘴硬才这么说的。所谓"兰台令史"，只不过是在宫廷中掌管文书的小官，同样还是当"笔杆子"。既然如此，与其在宫中供职，倒不如回家工作，反而更为自在；何况班超文思敏捷，下笔飞快，轻而易举就能赚到兰台令史的那点儿俸禄了。

妹妹很担心他的前途："你也该为将来考虑考虑嘛。"

班超挺起胸膛说道："我早就已经计划好啦！"

"那得等到什么时候呀……"这位女文青叹了一口气。

其实，班昭知道班超打算何时施展自己的壮士之志——等母亲去世以后。

2

班固喜欢家中凝固不动的氛围，他向来讨厌那些喧嚣、浮华的东西。在其名篇《两都赋》中，即可窥见这种审美倾向。赋，是一种介于诗歌和散文之间的文学体裁。所谓"两都"，是指西汉都城长安和东汉都城洛阳。这篇赋对两座都城进行了比较，并提出作者的观点：洛阳优于长安。

虽然已是东汉时期，长安仍然充满了西汉时作为都城的那种极其乐观、开朗的风气（汉武帝就是典型），是一个热闹繁华的国际大都市：街市上，来自异国的人牵着骆驼行走，侠客们招摇过市；所到之处，都能听到管弦之乐、歌女之声；此外，长安还是以赌博闻名的娱乐之城。而洛阳则相对低调、安静，不像长安那么繁华，人们在这里安逸地生活。因此，班固十分喜爱洛阳这座城市。

与兄长不同，班超觉得洛阳实在太无趣了，就如同家里的风气一样。他一直期待着更加富有激情的生活。

母亲去世时，班超已经四十岁了。

等待的时间越长，蓄势待发的力量就越强烈。班超的激情犹如火山一般爆发了。在漫长的等待之后，他终于可以践行自己的壮士之志——投笔从戎了。

他要把岩浆当作颜料，在沙漠上涂抹出一幅波澜壮阔的画卷。

年过四十才弃文从武，这一点不同寻常。如果是在动乱年代，倒可以另当别论；只是东汉王朝在光武开国后，经明、章二帝的发展，社会平稳安定，人心思安，班超的行为可谓是有悖于常理。何况，如果是一个只懂舞刀弄枪的武夫也就罢了，可班超是当世第一等的文学家。所以，这样的举动在外人来看显然很不明智。

最能理解班超的，就是妹妹班昭。她微笑着表示祝福：“哥哥，祝贺你，终于等到了这一天。”

而哥哥班固就难以理解，他甚至破口大骂道：“你这个笨蛋！”

班固认为，写文章才是世上最崇高的事业。因此，对于班超突然从军之事，他实在无法接受。他苦口婆心地劝说，甚至一反常态地大声训斥，想让班超打消从军的念头。然而，班超根本就不听哥哥的话。

于是，班固只得求助于妹妹班昭：“我想请求陛下阻止班超从军。需要你从中帮忙……”班昭的丈夫曹寿英年早逝后，她便奉召入宫，担任皇族女眷以及女官们的教师，故而时常侍奉在皇后左右。班固正是想利用这一层关系，让妹妹通过皇后向皇帝进言，来阻止弟弟的行动。

“这事我可办不到。”班昭断然拒绝。

“哦……”班固非常失望，“唉，确实应该公私分明才对……”他以为妹妹是因为不想把公事和私事混为一谈才拒绝帮忙的；其实，班昭这句“我可办不到”意思是说：我不能对二哥做出如此残忍的事情。

就这样，班超离开了沉闷的家庭。

而后，他又离开了同样沉闷的洛阳城。

接下来，他要去《两都赋》中作为陪衬的都城长安吗？

不！他要去的地方，比长安更遥远，从某种意义上说也更加繁华和粗犷。

那就是西域。

班超早已暗中研究西域多年。

长期以来，班超一直向往着金戈铁马的生活。当时，国内一派太平景象，周边的地区却连年征战不休。对他来说，那朔风凛凛的塞外西域，不正是最好的去处吗？

西汉时期，西域各国曾经臣服于汉王朝的统治；然而，自从王莽篡权之后，中央朝廷的威信就每况愈下了。

王莽有圣人情结，认为“中华”和“夷狄”有明确的高下之分。而且，他还是一个无可救药的形式主义者：西汉时，朝廷本来承认西域各国的统治者为“王”；而王莽却认为不应该给“夷狄”这样的地位，便贸然将这些属国统治者由“王”降格为“侯”。

这绝对是一出昏着儿。

在西域各国的后方，有一股强大的势力——匈奴。人们常说“西域三十六国”，所谓“国”，其实大都是一些散布在沙漠之中的绿洲城市，力量十分弱小，必须依靠大国保护才能生存下去。这些国家被夹在两大势力之间——东边是汉王朝，西北边是匈奴，自然会左右逢源，以求生存和发展。王莽不顾反对，将西域各国的君主降格为诸侯，这些国家的君主勃然大怒，纷纷转而投靠了匈奴。

王莽政权覆灭后，东汉王朝建立。光武帝为稳定国内局势，忙于处理内政，无暇顾及西域。匈奴趁机将军队推进到敦煌附近——自汉武帝时期以来，敦煌一直是汉朝的边郡。所以，即使是对外采取消极政策的光武帝也坐不住了。随着国内局势的逐渐稳定，要求在外交上积极应对的呼声不断高涨。

抗击匈奴！

光武帝[1]起用窦固为统帅。

说是“起用”，其实不太准确。窦固虽然是光武帝的女婿，但因亲戚犯罪而受到牵连，被罢免了官职。光武帝此次任命，是希望窦固能够将功赎罪。

班超作为麾下部将也加入了窦固的远征军，官位只是“假司马”。

统帅之下设“部校尉”，相当于军团长；其下设“军司马”，相当于团长；而“假司马”即为“军司马”之副职，顶多也就相当于少校军衔吧。

3

班超挑选了一个名叫李养的人随行，负责照顾饮食起居。

“他是最能理解我心情的人。”班超一直这样认为。

[1] 原文如此。历史上应为汉明帝，下同。

李养年少时曾是奴隶，后来被班家出钱赎买而成为自由身。他的年纪与班超相仿，在班家当侍从将近三十年，主要工作是伺候班超。班超认为在生活方面，李养最了解自己，就像妹妹班昭于精神方面一般。

出发前，李养对班超说道："您终于如愿以偿了呀！"

听了这话，班超不由满脸惊讶：如果是生活方面的细节，例如自己的饮食与忌口、非常怕热、刚睡醒时会头昏脑涨……李养知道得一清二楚，倒也不足为奇；但从这句话可以听出，他对自己的了解已经深入到精神层面了。

班超说道："我想做的事，你倒是很清楚嘛！"

"不过，您有所不知。"

"什么？"

"人的欲望是没有止境的。"

"不会。只要能离开这个家，离开洛阳，扔下笔，拿起剑，我就心满意足了。"

"没这么容易知足吧。比如，在下就做不到。"

"你？怎么做不到？"

"从前，我还是个奴隶的时候，就一直盼望着自己能变成一个普通人，哪怕当盗墓贼、乞丐也好……如今，我已经如愿以偿地成为一个普通人了，还在班家当上了仆人总管，可是我的欲望仍然不断地膨胀。欲望这东西，其实是很难控制得住的。"

"真的会这样吗？"

"您迟早会明白的。"李养微笑着说道。

窦固的远征军在酒泉完成最终编制，在敦煌进行了全军检阅，随后便出兵玉门关。

永平十六年（73 年），这支远征军与匈奴呼衍王的军队交战取胜，夺回伊吾地区。伊吾就在现今的新疆哈密一带。班超也在蒲类海[1]之役中立下了战功。

西域十分辽阔，许多小国散布于此。所以，仅凭武力是无法平定西域的，需要派使者前往游说。而且，这位使者不光要能言善辩，还必须胆识出众、智勇双全。寻遍军中，符合条件的也就只有班超一人了。

“就是他了！”

于是，窦固给班超下达了任务：“你先去游说鄯善王，让他归附汉朝。”鄯善国就是位于罗布泊西边的楼兰[2]。鄯善国王名叫广。

班超带着三十六名部下来到了鄯善国。

开始，班超一行在当地受到了热情接待。国王的家臣们一见到班超，就把额头贴到地面上，毕恭毕敬地行礼；饭桌上经常摆着十多样菜肴——作为一个地处沙漠的小国来说，可谓是盛宴款待了。此外，还有带着五名侍从的大臣，每天两次前来请安。每次来，大臣及其侍从都会说：“不知道可有什么照顾不周的地方？有的话就请提出来，不必客气。我们一定会尽量让你们满意的……”

看样子，国王大有归附汉朝之势。

突然有一天，那大臣只带了两名侍从过来，并且只问了一句：“不知道可有什么照顾不周的地方？”班超仔细观察，注意到：他们在行礼告辞时，额头并没有贴到地面上。

第二天仍然如此。同时，菜肴也减少了一半。

班超唤来负责翻译的胡人，问道：“匈奴使者来好几天了，他们

[1] 蒲类海：古湖泊名，即今新疆维吾尔自治区东部巴里坤湖 。

[2] 鄯善国：故地在今新疆若羌县。西汉称之为“楼兰”，公元前 77 年（昭帝元凤四年）改称鄯善。

现在住在哪里呢？”显然，这是想套出对方的话。

那个翻译心想：“原来他全都知道了呀！”于是就全部招供了。

果然，几天前，匈奴也派出使节团来到鄯善国，而且比汉朝使节团人数更多。

鄯善王向双方使节团都隐瞒了另一使节团的情况，他考虑到：如果还按照原先规格接待汉朝使节团的话，恐怕太过招摇，容易被匈奴一方发现。所以才降低了待遇。这就是沙漠小国的悲哀——不得不投靠较强的一方。

眼下，匈奴使节团的人数比较多，国王心中开始倾向于匈奴一方。敏感的家臣们揣测出了国王的心思，所以向汉朝使节团磕头行礼时也没这么殷勤了。

“现在应该怎么办呢？”班超抱着胳膊，暗自思忖。

在这个小国里，两个敌对的使节团不可能并存。鄯善王面临着二选一的局面：必须除掉其中一方，以向另一方表忠诚。

汉朝使节团危矣！

4

为了不让鄯善王知道自己已经发现了事态真相，班超把那名翻译暂时拘押起来。

接着，班超在汉朝使节团内开了一次宴会，邀请三十六名部下悉数到场。酒过三巡之后，班超站起来，对着大家做了一番富于煽动性的演说：“各位跟随我来到这偏僻之地，是为了建功立业，以求富贵。可是，匈奴使者刚来没几天，鄯善王就对我们多有怠慢——来请安的人数减少了，连伙食也变差了。这其实只是个开始，更要命的还在后头——鄯善王会把我们捆起来，交给匈奴使节团处置。这样，我们的尸骨都会成为豺狼的美食……现在，我们应该怎么办呢？”班超说完，扫视着每个人的脸。

酒能壮人胆。所有人都横眉怒目、咬着嘴唇、握紧拳头，慷慨激昂地喊道：“我们已经没有退路了，愿与司马共生死！”

“好！”班超连连点头。随即，他就说出了那句流传千古的名句：“不入虎穴，焉得虎子！”

“司马所言极是！”大家已经完全被班超的一番话鼓动起来。

班超的才学可不是徒有虚名。通过这番演说，他让每一个人都深刻地体会到了危机感。

“这些部下都会听从我的命令的。”

明确这一点之后，班超就开始向大家说明作战方案：火攻。

鄯善王似乎同样对匈奴使节团隐瞒了汉朝使节团的情况，既如此，对方当然不知道汉朝使节团的人数。运用火攻，可以虚张声势，营造一种人数众多的假象。

接下来，班超从那个翻译口中问出了匈奴使节团的驻地所在。作为游牧民族，匈奴仍然住在自己搭建的帐篷里。

“这事不用跟从事先商量一下吗？”一名部下问班超。“从事”是官名。窦固给班超的使节团配备了一位名叫郭恂的从事。不能把所有职权都交给军人，这是中国自古以来的规矩。班超和三十六名部下都是军人，所以要配一名文官随行，即所谓的“文官统帅”。

“文官俗吏！”班超“呸”地吐了一口唾沫，他特别痛恨这种刀笔小吏，“那个家伙要是知道了，肯定吓得直打哆嗦、又叫又跳。不必跟他商量。成败就在今日一举！”

正部署作战方案时，外面忽然狂风大作。狂风卷起沙漠中的沙子，拍打在驿馆墙壁上，发出骇人的巨响。

大家不由面面相觑。

“天助我也！”班超大声叫道——他从部下的眼睛里看见了他们对狂风的恐惧，所以想用振奋的叫声驱散之。“火攻时刚好刮大风，这真是老天保佑，今晚的突袭必胜无疑！”班超声音激昂，两眼散发着光芒。

大家的神情豁然开朗，心中重新燃烧起斗志。

班超期盼多年，才终于等到投笔从戎之日。

“我的整个人生都凝聚在今晚了！”

成败在此一举。

地点：朔风劲吹的西域。

对手：匈奴使节团。

行动目的：让鄯善王归附汉朝。

这样的舞台，对于迫不及待渴望用剑来实现平生夙愿的班超来说，简直再合适不过了。

班超从部下挑选出十个身材瘦弱、力量较小的人。

“你们这十个人，不要带兵器去。”

被选出的这十个人，自然对班超的命令表示不满。其中一人说道：“我们总共只有三十六人，本来人数就少，应该尽可能多带兵器才对呀……”

班超表情严肃地回答道：“你们呀，真到上战场厮杀的时候，就算带着兵器，最多也只能杀死一两个敌人。但如果拿上别的家伙，就能以一当五，甚至以一当十。”

“别的家伙？”

“锣和鼓。”

“啊？”

“你们这十个人，绕到匈奴营帐后面藏起来，我们在上风处放火。一看见火势起来，你们就马上敲锣打鼓，敌人肯定会以为有大军从后方袭来，我们就从正面杀过去……你们听好了，千万要记住这一点：敌人并不知道我们有多少人马。今晚的行动，如果我们失败的话，就只有一种可能——对方识破了我们总共只有三十六人。所以，只要你们的胳膊没断，就给我使劲儿地敲锣打鼓，每敲打一下，我们就会增加一百人、一千人。你们手中的锣鼓，就是我们最可靠的援军，比刀枪弓箭的威力还大呢！”

5

鄯善国，原本叫楼兰国，在西汉昭帝元凤四年（公元前 77 年）才改名为“鄯善”。它地处罗布泊之畔，水源充沛，这也是成为绿洲王国的首要条件。不过，当地并没什么物产，主要为商贸活动提供集市。交易的商品有汉朝的纺织品和日用品、西域的马匹，以及昆仑的玉等。在这里，人们可以用低廉的价格购买到东西方的商品。所以，各地的商人会集于此进行交易，鄯善国为这些商人提供旅馆，收取住宿费。

无论是商贸集市也好，旅馆住宿也罢，最重要的就是和平安稳的环境。试想，如果强盗频繁在此出没，猖獗袭击过往商队的话，该地的商贸活动势必变得萧条，国家也会随之衰落。为了维护治安，就需要依靠强大的军事力量。

然而，令鄯善国烦恼的是，他们自身力量不足，只能求助于汉朝或匈奴；可是无论投靠哪一方，都会招致另一方的不满，因此，始终无法彻底归附于其中一方。

无奈之下，他们只能选择实力更强者。

汉朝的使节团只有不到四十人，而匈奴使节团将近二百人。

眼下，暂且投靠匈奴吧！

鄯善王这么考虑。

天空中挂着一牙细细的新月，澄清皎洁，微弱的月光照不亮黢黑的地面。

这样的月黑风高之夜，正是突袭的绝好时机。

匈奴使节团的帐篷，是用兽毛毡子做成的。为防风沙，毡子相当厚实，还在表面上涂了层兽油用来加固。因此，这种帐篷很容易燃烧。可以说，只要不被对方发现，行动就已经成功了一半。

如果成群结队地前往，很有可能被对方发现。所以，班超让部下分散行动。

他将放火的任务交给了三个身手矫健的部下。据查，匈奴的使节团分住在六个大帐篷里。也就是说，这三人每人负责点燃两个帐篷。而之前挑选的十个人手拿锣鼓躲在帐篷后面，等待时机到来。这十人紧张得手心里全是汗。出汗太多可不行——手一滑就拿不住鼓槌了，所以他们不时用衣服擦拭手心。

汉使团一行事先用竹篾做成灯笼状的骨架，里面放火把，外面再罩上黑布。这样不仅可以防止火把被大风吹灭，还可防止敌人看见火光。当然，火把的火要尽量小，以免烧着布。

那三个放火之人怀揣着这些“披着黑衣的火把”，矫捷如猿地潜入匈奴使节团驻地，点燃了一个个帐篷。

风刮得正猛，真可谓天助我也！

突袭就是以迅雷不及掩耳之势，让敌人惊慌失措，火势自然是越迅猛越好。

火借风势，很快就蔓延开来。在这一刹那，锣鼓声也骤然响起。

“有人偷袭！”几乎与此同时，匈奴的使节们纷纷叫嚷着冲出帐篷外。因为锣鼓声的巨响从帐篷后方传来，所以他们全都往前方逃跑。

这时，埋伏在前方的班超等人立即放箭。紧接着，在听到事先约定的信号之后，他们便拔剑冲杀过去。班超手挥利剑，身先士卒地冲在最前头，他的部下也纷纷紧随其后。

就这样，壮士们杀入了“虎穴”。

据《后汉书》记载：

> 超手格杀三人。

意思是说班超亲手杀死了三个人。当时，班超四十二岁。

匈奴使节团有三十多人被砍死，一百多人被烧死，节使屋赖带、副使比离支两人也都被砍下首级。

班超提着这两人的首级去见鄯善王。

鄯善王十分害怕，当即发誓归附汉朝，并同意将自己的儿子送去汉朝当人质。

勇闯“虎穴”的结果，就是得到了“虎子”。

如前所述，从事郭恂事前一直被蒙在鼓里。当他得知此事后，大为震惊，吓得脸都白了。

班超拍着他的肩膀说道：“我班超不是独占功劳的小人。我向上头汇报的时候，就说你也参加了这次行动。请不必担心。”

“哦，好的……”郭恂这才放下心来。

这种人正是班超痛恨的“文官俗吏”之典型。

因为这一战功，班超由“假司马”晋升为“军司马”。

军司马相当于团长级别，按说应该增加部下的人数。统帅窦固提及此事，班超却笑着说道：“我有这三十多名部下就足够了。作为使节来往于沙漠中，人太多反而麻烦。”

6

鄯善国归附之后，接下来就轮到于阗国了。

于阗国的国王名叫广德，国民信奉萨满教[1]。它是地处天山南麓的一个强国，经常出兵攻打近邻各国以扩张地盘。但后来它被匈奴打败了。所以，匈奴在此派驻了官员[2]——类似于“高等辨务官”[3]。

汉朝使者在鄯善国袭击匈奴使节团之事，很快传到了于阗国。而且，他们还知道，班超一行正向于阗国而来。

是归附汉朝，还是投靠匈奴？

于阗国也遇到了这个进退两难的问题。

“去向巫师请教神的旨意吧！”国王说道。

巫师向神祈祷之后，装作在神灵附体的状态中念念有词：“神动

---

[1]《后汉书·班超传》载：“其（于阗）俗信巫。”据考证，萨满教广泛流传于中国古代西北及东北地区，包括于阗所在的天山南部地区，至今考古仍有关于萨满教的信仰遗存。

[2] 据《后汉书·班超传》载：“是时于阗王广德新攻破莎车，遂雄张南道，而匈奴遣使监护其国。”意思是说于阗打败莎车，在南道声威大震后，匈奴派使者来监护它。

[3] 高等辨务官：国家派驻殖民地或自治领的高级专员。

怒了。为何要归附汉朝？汉朝使者有騧马，快取来祭神……”騧马，是指黑嘴的黄马。杀马祭神是萨满教常见的习俗。

既然神说了要用汉朝使者的坐骑祭神，那意思显然就是告诫说不可归附汉朝。

班超刚来到于阗国，就从当地居民那里听说了巫师传达的“神旨”。

班超对部下说道：“在这里稍作休息，等国王派使者来迎接。”

部下问道：“于阗王会派使者来吗？”

“一定会的。”班超知道，要让部下相信自己，就需要用这种斩钉截铁的语气。何况他学识渊博，往往能做出准确的预测。

果然，没过多久，于阗王的使者就到了，并吩咐说：“请汉朝使者将坐骑献上，这是神的旨意。”

突然向客人索取马匹，而且要杀了用作祭神，真是岂有此理！

但在这个国度，萨满教信仰是至高无上的。

班超回答道：“既然是神的旨意，那我们也不好拒绝。不过，这匹马毕竟随我征战多年，要用作祭神贡品也未免太可怜了。我不能拿它像小狗一样随便抛弃。也就是说，国王需要以礼相待，我才可以将马匹献上。”

使者战战兢兢地问道：“你所说的‘以礼相待’，具体要怎么做呢？”

班超回答说：“只要那个传达神灵旨意的巫师亲自来这里，我就把马交给他。”

使者回去后，向国王转达了班超的话。

那个巫师无法拒绝，只得来见班超，并传达神的旨意。语气仍然像平时一样装腔作势：“那么，遵照神的旨意，我就收下这匹马了。牵过来……”

巫师的话戛然而止——此刻，他已经身首异处。

班超用兽毛毯子擦干利刃上的鲜血，然后对巫师的随从说道："把这颗头颅送给国王吧！"

看到巫师的脑袋时，于阗王瞬间明白了班超的决心——为了彰显汉朝的威仪，即使神灵也毫不畏惧。从之前在鄯善国的火攻行动也可看出，班超具有惊人的胆识和魄力。

于阗王叹了一口气，心想：汉朝使者已经做出决断，接下来轮到我方做决断了……

"我决定了……"说着，于阗王站起身来。

他做出的决断是：杀死匈奴在此的官员和驻军，迎接汉朝使者。

就这样，班超兵不血刃地拿下了于阗国。

之后，天山南道诸国陆续归附汉朝。

虽然匈奴的势力在天山南道大为削弱，但天山北道还处于匈奴的牢牢控制之下。

龟兹国[1]的国王名叫建，是匈奴的傀儡。他借助匈奴之力，出兵攻打疏勒国，杀死其国王，并另立了一个名叫兜题的龟兹人为新国王。

于阗国归附汉朝的第二年[2]，班超率兵突袭疏勒国[3]，并捉住了国王兜题。因为这个新国王并非疏勒本国人，当地臣民不愿为其效忠，所以班超轻而易举地赢得了这场战斗。

而后，班超把之前被杀的疏勒王的兄长之子忠立为新王，举国欢庆。

---

[1] 龟兹国：西域国名，又称丘慈、邱兹、丘兹，是中国古代西域大国之一，故地在今新疆库车、沙雅两县间。

[2] 即公元 74 年，东汉明帝永平十七年。

[3] 据《后汉书·班超传》载："（班超）逆遣使田虑先往降之"，"逆"为预先的意思。所以此次为班超派遣田虑先去执行任务，并非亲自率兵突袭。

新王及其家臣要求杀掉兜题，但班超并没有同意，而是将兜题释放了。班超希望以这种方式实地进行教育：“这才是文明之邦的做法。”

与此同时，汉军统帅窦固攻打车师国[1]并使其降服。

从此，汉朝的威望在天山北道也树立起来了。

因王莽时期政策失误而被废止的“西域都护”之职也得以重设，而且还增设了“戊己校尉”——相当于独立卫队长[2]。

7

班超深爱着西域。

在去西域之前，他就已经爱上了这片土地，被它那千变万化的姿态所吸引。他厌倦了一成不变的班家和洛阳，所以格外向往与之相反的地方。

班超曾自称有“西域情结”。

憧憬，有时会承载着希望破灭的悲哀。但班超接触到现实中的西域之后，并没有感到失望。

沙漠中的这些绿洲小国都富于个性，各不相同。

在宗教信仰方面，有的国家信奉萨满教，有的国家则信奉佛教。如今，这些地区主要信奉伊斯兰教，但班超所处的东汉时代要比穆罕默德早很多年[3]，所以还没出现对真主安拉的崇拜。当时，倒是流行

[1] 车师国：古代中亚东部西域城郭诸国之一。国都为交河（今中国新疆吐鲁番西北）。

[2] 此处系讹误。戊己校尉于西汉元帝初元元年（公元前 48 年）置，为驻车师屯田的长官。

[3] 班超生卒年份为公元 32 ~ 102 年，穆罕默德约为公元 570 ~ 632 年，两人所处的时代相差五百多年。

着崇拜火神的拜火教[1]。

在人种方面，中国的史书用“深目高鼻”“紫髯绿眼”等词语形容西域人；其实，脸型扁平的蒙古人和通古斯族人就与他们毗邻而居。因此，当地也有土耳其、伊朗、蒙古等多个人种。

西域地区的政治和军事形势也经常变化不息，就像沙漠中流动不止的细沙一样。任何一件小事都可能成为导火索。事态发展仿佛突然扣动扳机，射出子弹，而弹道则变幻莫测——这也许就是西域的迷人之处吧！

永平十八年（75 年），东汉明帝在洛阳驾崩。

虽然洛阳和西域相隔万里，但这一变故还是影响到了西域的政治局势。

汉朝忙于丧葬之仪，无暇顾及域外。匈奴趁机调动其势力范围内的兵力，攻打汉朝的驻地：匈奴自己攻打戊己校尉的驻地，而其属国——焉耆、龟兹则袭击了西域都护的驻地。戊己校尉和西域都护在战斗中阵亡。[2]

看来，这当皇帝的可不能随便驾崩。

东汉第三代皇帝章帝刚即位不久，就下诏召回班超。他担心：都护和校尉一死，班超会变得孤立无援。以近代殖民地打比方，就好比

---

[1] 拜火教：即琐罗亚斯德教，是基督教诞生之前在中东最有影响的宗教，古代波斯帝国的国教，也是中亚等地的宗教。为摩尼教之源。中国史称祆教、火祆教、拜火教。

[2] 据《后汉书·西域传》载：“及明帝崩，焉耆、龟兹攻没都护陈睦，悉覆其众，匈奴、车师围戊己校尉。”并未说明戊己校尉是否阵亡。又据《后汉书·班超传》载：“……焉耆以中国大丧，遂攻没都护陈睦……而龟兹、姑墨数发兵攻疏勒。”只提到都护陈睦阵亡，戊己校尉依旧未提。

总督和总司令官已经阵亡，只剩下一个前线基地的指挥官孤军奋战。然而，一旦班超奉诏离去，整个西域必将重新落入匈奴之手。

这个决定，意味着汉朝要放弃西域。

于阗国和疏勒国都是班超勇闯“虎穴”而得到的“虎子”，如今已经归附汉朝。但只要班超一走，他们必将又臣服于匈奴的统治。对他们来说，虽然汉朝和匈奴都是异族，但后者显然更加残暴——匈奴是以掠夺为主的游牧民族，会将绿洲小国的百姓榨取得一干二净；而汉朝则不同，他们属于农耕民族，在进行统治时会考虑到当地百姓的生活。

所以，听说班超要走，这些归附汉朝的国家都大为震惊。

疏勒国的国防大臣说道：“如果汉朝使者抛弃我们而去，匈奴属国龟兹国一定会将我国灭掉的。我实在不忍心看到这样的惨状。”说完，竟自刎而死。

班超骑在马上，正准备离去时，于阗国的百姓抱着马腿，苦苦哀求道：“汉朝使者就是我们的再生父母呀，为什么要抛弃我们这些孩子呢？”

班超暗自思忖：洛阳远在万里之外，朝廷并不了解西域的具体情况。虽说是皇上圣旨，但在情形危急之时，违抗军令又何妨？

“好嘞，就这么办！”班超用力点点头。

班超深爱着西域。虽说圣命如山，但班超却离不开这里——他怎能让自己深爱的土地惨遭匈奴铁蹄践踏？

“弟兄们，跟我来！”班超扬起马鞭，大喝一声。

他并非往东奔赴洛阳，而是向西返回刚刚离开的疏勒国。班超离去不久，疏勒国就归降了龟兹国。待他返回之后，立即肃清了国内龟兹国的势力。

这违抗圣旨之举，反而赋予了他一种狂热的激情。

此后的三十年间，班超都没有再离开过西域。他就像着了魔一般，为平定西域而四处奔走。

建初三年（78年），班超率领疏勒、康居、于阗、拘弥各国联军共一万兵力，攻破了姑墨石城。

此后[1]，他又率领二万五千人的联军进攻莎车国。另一边，龟兹王派遣左将军带领温宿、姑墨、尉头等国的军队计五万人前去救援。班超用计引开敌军主力，然后乘虚进攻莎车大本营，杀敌五千多人。最终，莎车国臣服于汉朝，以龟兹王为盟主的联军宣告解散。

永元二年（90年），大月氏[2]出动七万大军攻打班超驻地。

大月氏国原本与汉朝亲近，每年向汉朝进贡各种财宝。在军事方面，也曾派遣援军协助汉朝攻打车师国，立下过汗马功劳。后来大月氏王提出要迎娶汉朝公主时，却被班超拒绝。大月氏王因此而怀恨在心，出兵攻打班超。

班超料定：大月氏国的远征军越过茫茫葱岭（今帕米尔高原）后，必定疲惫不堪，粮草匮乏。于是他坚守不出，耐心地等待反攻时机。

大月氏军派使者前往龟兹国请求支援，但使团在半路遭到班超的伏击。无奈之下，大月氏国只得向汉朝求和，把军队撤回葱岭西部。

翌年，即永元三年（91年），班超被任命为西域都护。

四年后，汉和帝封班超为定远侯。

---

[1] 为东汉章帝元和四年（87年）。

[2] 大月氏：公元前2世纪以前居住在中国西北部，后迁徙到中亚地区的游牧部族。

8

定远侯班超受到了命运的眷顾——汉朝宿敌匈奴的势力急剧衰退。

匈奴各部因为受到鲜卑、丁零等部族势力的打压，在班超被封为定远侯之前的几年间，就陆续归降于汉朝。匈奴衰落后，龟兹、温宿等反对汉朝的国家失去了靠山，也只得向汉朝投降。

永元六年（94 年）秋，班超率领龟兹、鄯善等国的七万联军，攻打尚未归降汉朝的国家——尉犁、危须及曾杀害汉朝西域都护的焉耆国。

此次出征可谓战果辉煌：杀敌五千余人，俘虏一万五千人，俘获马匹、牛羊三十多万头。

此战过后，班超在焉耆逗留了大约半年以安抚其国人。

至此，西域三十余国全都降服于汉朝。

“看您脸色红润，精神好得很啊！”老仆人李养意味深长地笑道。他能看透班超的内心，班超也明白这一点，所以对他也毫不隐瞒。

班超笑道：“我总是想起当年离开洛阳时你说的那番话。”

“当时我就说过：人的欲望是没有止境的。请恕我冒昧，把光武帝的‘得陇望蜀’一词用在您身上——定远侯，您现在已经得到西域了，下一个目标又是哪里呢？”

“大秦。”

“噢，这么遥远。”大秦，就是罗马。

当西域逐渐沉寂下来，班超又想追求新的变化，开始向往那汉人从未去过的罗马。

他从西域人那里听说了一些关于罗马的情况：罗马人身材魁梧、性格诚实，与中国人颇为相似；罗马由三十六将共议国是，立贤者为王，国家若发生变故，则废其国王，另立新王，而旧王亦不敢怨；罗马金银珠宝甚多，盛产夜光璧、明月珠、珊瑚、琥珀、玻璃等各种宝物，并出售给其他国家，从中获利十倍……

“就算再远，也不至于去不了吧。听说大秦的国王也想派使者来我们这里呢……无论如何，我都想去看看……”

李养轻轻地摇了摇头：“唉，果然……”

“听你语气，好像很同情我似的？”

“您说得没错。”

“你这家伙……其实，男人就是这样的呀——为了找到理想的女人而四处追寻，终生漂泊。对待事业也是如此……西域之后是大秦，而大秦之后，一定还有某个地方等待着我。”

“可谓是任重道远啊！”

“确实……不过，我还是要沿着这条永无尽头的路走下去，一直走下去。”

“能一直走下去吗？”

“为什么不能？”

“在这方面，在下似乎比定远侯您更老练一些。冒昧地说，您还没有经历过的事，我全都已经经历过了。当然，您迟早也会经历到的……”

“什么经历？”

“道路并不是笔直的。关于这一点，我有深刻的体会。总有一天，您也会明白的……”

“噢，你说路不是笔直的，意思是说会有一点儿弯曲？”

“何止是一点点。”

“别这么故弄玄虚嘛！”

班超的罗马情结与日俱增。

但他毕竟已经年逾六十，不可能再像二十多年前那样亲赴憧憬之地了。于是，他决定派遣一个名叫甘英的部下前往罗马[1]。

甘英途经阿富汗、伊朗之后，到达条支国。至于条支国的具体位置，众说纷纭，尚无定论，只能确定大致是在今伊拉克境内的两河流域之间。

甘英在条支国准备乘船渡海时，船员对他说道：“这片海非常辽阔，即使顺风也要三个月才能到达彼岸。如果风向不好的话，甚至要在海上待两年时间呢。所以出海的人都会先准备好三年的口粮。而且，还有不少人在海上因为思乡情切而病死的。”

甘英听了这番话后，便打消了渡海的念头，沿原路返回。毕竟，对于甘英来说，沉醉于罗马梦的不是自己，而是班超。为了别人的痴心美梦而牺牲自己，实在不值得。

实际上，条支国的船员故意夸大了航海的困难。他们担心：汉朝和罗马打通关系之后会直接来往，这必将损害到自己作为中间商的利益。

无论如何，与征战西域时的班超相比，如今沉醉于罗马梦的班超已经上了年纪了。如果能提早十年平定西域的话，说不定班超真的会亲赴罗马的。

[1] 此时为汉和帝永元九年（97 年）。

9

甘英出使条支国，是在永元九年（97 年）。当时，班超已经六十五岁了。

知道自己去不成罗马之后，班超仿佛变了一个人。

他时常自言自语：“原来真的是这样……”

周围的人见状都小声议论说：“看来定远侯也老糊涂啦！”

然而，班超年纪虽然大了，眼睛却依旧深邃明亮，即使不再如年轻时一般炯炯有神，却也并不呆滞。他时常仰望天空，任目光在遥远的地方追寻。

他在追寻什么呢？是在追寻罗马吗？

自从甘英从条支国回来之后，班超就绝口不提“大秦”二字。而且，话也少了很多。

大家都觉得很诧异，不知道班超到底在想什么。

然而，就算班超不说话，李养也能看透他的心思，班超也明白这一点。

李养对班超说道：“您现在能明白我说过的话了吧！”

“明白，明白。我现在是深有体会啊！道路不是笔直的，而是弯曲的……”

“是的，绕了个大弯……”

“最终又回到原点……人生就是这样吧？”

“没错，确实是这样。”

班超放弃了他的罗马梦，但他的梦想并没有消失。确切地说，是越来越强烈了。

如今，令班超魂牵梦萦的，是他离开三十多年、连空气都仿佛凝滞的班家；他向往的地方，是那座安静的、一成不变的洛阳城。

班超小声嘀咕道："我这辈子还能再活着回去吗？"

"您可以向陛下请求告老还乡呀！"

"嗯……不过，有人接替我吗？"

永元十二年（100年），久居塞外的班超上疏朝廷请求归国。妹妹班昭也为此向皇帝进言，这篇《为兄超求代疏》恳切动人，堪称千古名文。汉和帝深受感动，批准了兄妹二人的请求。

永元十四年（102年）八月，班超踏上久违了三十多年的洛阳之地。

他已经七十一岁了。

"啊，洛阳……这就是洛阳……"班超老泪纵横。

他终于领悟到，自己这一辈子当中，最向往的地方其实正是这片土地。

当然，对于驰骋西域的三十一年，他也并不后悔。勇闯虎穴的那一幕，使他的人生变得无比充实。也许正因如此，他对洛阳和班家的眷恋之情才会格外强烈。

"我真幸福，总能找到令自己向往的地方。"班超心想。

同时，他感觉到：差不多是时候去下一个地方了……

下一个向往的地方，是另一个世界。

回到洛阳一个月后，定远侯班超与世长辞。

弥勒闯关

隋文帝大怒，对站在枕边的柳述和元岩说道："唤朕的儿子过来——不是杨广，是杨勇！"

长子杨勇原为太子，后来被废。此时，隋文帝想重立他为太子，托付后事。当然，这样一来，就要废掉现任太子杨广。

只是，杨广在隋文帝的病榻旁安有耳目，他很快就收到了消息，立即逮捕了带着诏书前往杨勇住处的柳述和元岩，将他们关进监狱；接着，太子又下令将病室内的闲杂人等全部赶出去。没过多久之后，隋文帝就死了。

这一说法暗示了杨广弑父之嫌疑。

更有甚者，在唐人马总编撰的《通历》一书中，更是直白地描写了杨广弑父的场面：

> 血溅屏风，冤痛之声闻于外。

但据正史《隋书》记载：隋文帝晚年时，事无巨细，都必与皇太子共同决定。可见，他对杨广是非常信任的。关于隋文帝临终的情形，《隋书》记载如下：

> 甲辰，上（文帝）以疾甚，卧于仁寿宫，与百僚辞诀，并握手歔欷。丁未，崩于大宝殿。时年六十四。

隋文帝与文武百官道别，握手哭泣，三日后去世。遗诏中还说皇太子"仁孝著闻"。由此看来，也许是因为杨广继位后挥霍无度而导致亡国，所以后人才捏造了弑父事件以贬低他吧。

公元 604 年，杨广登基，是为隋炀帝。不久，他就下令开始修凿大运河。

长期以来，天下分裂为南北，经过近一百七十年的征伐战乱，隋朝终于完成了统一大业。如今，为了巩固这一成果，必须促进南北方之间的融合。因此，隋炀帝从皇太子时期就梦想着开凿一条连结南北的大运河。他认为，隋朝统一天下后，应该着手实施这项大工程。然而，父亲隋文帝却崇尚节俭，不愿做这种需要花费巨资的事。

“等我将来一即位……”隋炀帝早有此念。

所以，当上皇帝之后，他当然就迫不及待地下令动工了。

隋朝属于北朝政权，吞并南方后，实现了统一大业。对于隋朝而言，把南方丰富的物产运到北方，正是统一天下的“成果”。

此外，修凿运河还有一个目的——对外出征。

——摘自《小说十八史略》第四卷《大统一》

1

“我根本就无所谓呀……”洛阳游侠李修时常这么说，虽然还没到口头禅的程度。

每次一说出这句话，他总会皱皱眉头，流露出一副说漏嘴的表情。他心里似乎藏着什么事，一不小心就会脱口而出，自己随即意识到了，便感到自责。当然，因为他说话比较小心，所以说漏嘴的频率并不高。不过在他心里，一定是经常念叨着这句话吧。

按说这句之后，应该还有下文，但他总是打住话头。

李修自称二十七岁，但有人怀疑他已经年逾三十。不仅如此，作为洛阳城里的外来户，他的过往经历也不为人所知。

大家只知道，李修是个擅长变戏法的江湖艺人。他经常帮助其他同伴。谁家里有人得重病了，他就会为其募款。李修有时还会在赌场开设赌局，把拿到的抽头[1]全数借给有需要的人，而且允许对方混出名堂以后再还钱。

所以，有很多江湖艺人都表示：“为了李修哥，赴汤蹈火也在所不辞。”

一年之中，李修有一半时间都在旅途中。

当时正值隋朝大业年间[2]，也就是公元 7 世纪初。在经历数百年

[1] 抽头：回扣，在赌博中因提供赌博条件而获取的费用。

[2] 大业年间：公元 605 ~ 618 年。

分裂动乱之后[1]，隋文帝势如破竹地统一了全国，实现了当时中国人的共同心愿。

作为隋朝的开国皇帝，隋文帝杨坚原为北周宣帝的国丈。宣帝死后，杨坚逼迫年幼的静帝禅位，登基称帝。

杨坚承袭父亲“随国公”的爵位，所以就想把国号定为“随”。但有人劝谏道：“‘随’字有走之底，走得飞快，恐有短命之虞。”确实，“随”字带有走之底，和“逃”“逐”“过”等字一样含有早走之意。于是，隋文帝就把“随”字的走之底去掉，创造出一个新字“隋”，以此作为国号[2]。

隋文帝即位第九年[3]，出兵攻陷建康（今南京），灭掉了南方的陈王朝，实现了天下统一。其实，当时的陈王朝衰败腐朽，行将就木，灭亡是迟早之事，隋文帝只是加速了这一进程。历代王朝的开创者，大都是经过浴血奋战才最终夺取天下。像隋文帝这样轻易夺得天下的开国皇帝，可以说是凤毛麟角。

隋文帝在位二十三年去世。他的儿子杨广继承了皇位，也就是历史上臭名昭著的隋炀帝。

与父亲的节俭不同，隋炀帝大肆铺张，挥霍无度：修凿大运河，

[1] 从东汉末年黄巾起义爆发（184年）到隋南下灭陈统一中国（589年）止，大约四百年的时间里，为中国历史上政权更迭最频繁的时期之一。

[2] 关于隋朝国号的由来，史学界尚无统一定论。主流观点以《隋书》《北史》为代表，认为杨坚之父杨忠曾被北周晋爵为“隋国公”，杨坚袭其爵位，称帝时以“隋”为国名。另一种观点以《周书》为代表，认为杨忠受封的爵位是“随国公”，杨坚袭父爵，后又晋封为“随王”，故国名本应作“随”。还有一种观点以宋元之际人胡三省《〈资治通鉴〉音注》为代表，认为杨坚袭父爵位确实为“随国公”，然其称帝后以北周、北齐不遑宁处，恶“随”字带“走”不吉利，因此将国名“随”改为“隋”，本书采此说。

[3] 即开皇九年（589年）。

多次对外出征……这些都使百姓不堪重负。何况，隋文帝在驱使劳役百姓方面本身就已肆无忌惮，到炀帝时更是变本加厉，被征去修凿运河的百姓多达几百万人。

隋炀帝即位第二年把年号改为“大业”。

隋朝的首都本是隋文帝时期修建的长安大兴城，到隋炀帝时改称其为“西京”；与此对应，洛阳即为“东京”。东、西二京各自营建皇城。不久，隋炀帝迁都洛阳[1]，并以此为“东都”。同时，因运河开通而变得来往便捷的扬州，则被称为“江都”。隋炀帝和秦始皇一样，非常喜欢外出巡游，他以长安、洛阳、扬州这三都为据点，巡游全国各地。

隋炀帝不断加强独裁统治，甚至要求佛教僧侣们礼拜帝王。

“这是末法之世啊！”陆统经常把这句话挂在嘴边。

“是吗？”李修附和道。他其实属于现实派，只要能尽量开心有趣地活在这世上就行。毕竟，对于游侠李修而言，这样的人生观简单明了。

陆统年逾五十，是一位教人读书习字的先生。他和李修一样，过往经历也不为人所知。据陆统自己所说，他出生于长安。

李修对陆统十分崇拜，故而向他说明自己的身世，关于这一点，李修还从未对别人提过。而陆统则充当了聆听倾诉的法师的角色。在自述过程中，李修总是压低嗓门儿，偶尔还会流露出痛苦的表情。而陆统则一直面带微笑。

[1] 大业二年（606 年），隋炀帝下诏迁都洛阳。

倾诉完之后，李修一脸轻松地说道：“现在感觉痛快多了。”并叮嘱道：“这些话请千万不要对别人说。”

陆统摘下帽子，用它拍打着膝盖，说道：“当然，我会把这些话藏在心底，不会说出去的……不过，我觉得这些事也算不上什么重大秘密吧。你可能有些过虑了……”

“是吗？”李修露出不满的神情——自己将如此重大的身世秘密全说出来，想不到对方竟不以为然。但转念一想：他大概是为了不让我过分焦虑，才故意说得这么轻描淡写吧。真不愧是陆统先生，高！实在是高！

陆统说道：“都是些微不足道的小事嘛！”

“是吗？”

“总之，我不会说出去的。”陆统连忙打圆场。他意识到：我不能再给他浇冷水了。这些微不足道的小秘密，也许正是他的生存意义呢！若果真如此，那我的反应也太冷漠无情了。

2

“先生，我还没把自己的原籍和本名告诉您呢。”李修说。

“既然如此，我也就不便多问了。”陆统答道。其实，他并不想知道李修的本名。

陆统也有自己的秘密。

陆统心想：如此暴虐的政权，必须要早日推翻。不光是想，他还在筹划有效的实施方案。

这才是真正不可告人的惊天秘密。这个秘密一旦被官府知道了，肯定要人头落地的。

陆统原为僧人，信奉三阶教[1]。后因该教派遭到官府镇压而还俗。不过，他并没有背弃教义。

三阶教是由隋代名僧信行创立的新兴教派。该教派以时、处、人三类为中心[2]，认为戒律清规和钻研学问不过是佛教内部的妄自尊大之举，主张人们应该进行与身份、时期相适应的修行。这是一种平民宗教，没文化的人也有相应的修行方法。同时，还对各类设了三个不同的阶段，所以称为“三阶教”。总之，三阶教就是要将现有的宗教团体进行重组。

当今之“时”为末法之世，此“处”为秽土。从这一观点出发，可知：身处末法秽土之人，无权选择佛和佛经，所以什么都要学、什么都要拜，这或许可以说是一种泛佛教吧！

富人布施财物，以此救济穷人。所谓“无尽藏行”，就是信行法师所提倡的实践方法。

后来，日语中用“无尽”一词表示民间信贷互助会，即来源于此。

信行法师去世后，三阶教遭到了镇压。有两个原因：

其一，三阶教将佛法从王权中独立出来，而独裁统治者当然想将佛法也置于自己的统治下；

其二，三阶教将平民组织起来，产生了强大的凝聚力，而封建帝王当然不希望出现这样一股势力。

“陆统”这一名字，其实也不是真名。之所以用化名，是因为他心中深藏着秘密，或者，不如说是远大的抱负更贴切吧！

---

[1] 三阶教：中国佛教派别。又称三阶宗、第三阶宗、三阶佛法等。隋代僧人信行创立。因受佛教其他各宗的攻讦和封建王朝的禁止，传播三百余年后，湮没不传。

[2] 三阶教把全部佛教依时、处、人分为三类，每类又各分为三阶。

话说回来，身为江湖艺人的游侠李修，他所谓的秘密又会是什么呢？

“我有个比我小十二岁的妹妹。妹妹出生那年，父亲去世了。第二年，母亲也去世了。我这个当哥哥的，就自己一个人把妹妹拉扯大……妹妹长得很可爱……”说着，李修笑眯了眼睛——每次提到妹妹时，他都会笑眯眯的。

李修的妹妹名叫佩兰。一开始，李修只是说“妹妹”如何如何，后来才说“佩兰”如何如何。既然是不经意间说出口的，那应该是真名吧。

佩兰出落成标致的大姑娘了。然而，她却“不幸”被官府看中，因此被征召入宫。

隋炀帝是个好色之徒，连自己父亲的爱妾也不放过[1]。他继位之后，广征美女，其热情并不亚于修凿运河和对外出征。据说，后来的唐玄宗时代有宫女四万人，其数量之多是中国历史的最高纪录。不过，隋炀帝喜欢游山玩水，常年巡幸于大兴城（长安）、东都（洛阳）、江都（扬州）等地，所到之处都广建离宫，征召宫女。若合计起来，肯定是个庞大的数字。说不定这一时期的宫女人数会更多呢！

要补充如此众多的美女，绝非易事。所以，不仅是富贵人家，连民间也要征选美女。

至于被选中入宫是幸运还是不幸，则可谓见仁见智。

不过，既然被选上了，与其在后宫默默终老，不如尽可能获得皇上的恩宠。至少在头脑单纯的李修看来，这是最好的出路。

[1] 史书上关于此事的记载并不统一。一说此爱妾为宣华夫人陈氏，见《隋书》《资治通鉴》等，此说也为主流观点；一说为容华夫人蔡氏，见于初唐赵毅笔记《大业略记》。

李修心里只惦记着一件事：妹妹的前途。他不允许任何事影响妹妹的前途。

然而，仔细一想，如果妹妹佩兰得到了皇帝的恩宠，那么自己这个当哥哥的无疑将成为最大的绊脚石：如果被皇上知道这宫女居然有个跑江湖的哥哥，她肯定会失宠吧。

李修就站在这么一个“不允许自己存在”的尴尬立场上。

“所以，我就改名换姓，和妹妹断绝了关系。”李修说道。

“噢，原来如此。”陆统用右手拇指和食指托着下巴，目不转睛地盯着李修的脸。

其实，陆统很难理解李修所讲述的兄妹亲情，正如李修不理解陆统为什么老说“这是末法之世”一样。

李修压低嗓门儿说：“她有可能当上皇后呢！”

陆统听了，却只是微微一笑。

3

大业五年（609 年），隋炀帝到西域巡游。

隋炀帝此行，是为了向地处青海的鲜卑族国家吐谷浑示威。

据说，在青海的小山上放养母马，就能得到“龙种”。所以隋炀帝在河岸和山谷中放养了两千匹母马，却没能如愿以偿地得到“龙种”。

隋炀帝此行足迹远涉张掖，直抵燕支山，也就是今天的甘肃省境内，靠近新疆维吾尔自治区的地方。

既然是皇帝出游，那当然会带上浩浩荡荡的军队，以及众多随行的宫女。

归途中，隋炀帝一行在凉州西边的大斗拔谷[1]遭遇了暴风雪。

是时，风雪交加，天色昏暗。狭窄险峻的山路上，随行众人苦不堪言。士兵们有半数冻死，马匹和驴子倒下了十之八九。当然，许多宫女也不幸遇难了。

有一天，陆统把李修叫到身边，对他说道："今天听到一个悲伤的消息——你妹妹佩兰在大斗拔谷遇难了……太惨了……"

"怎么可能……"李修霎时脸色惨白。

"你没听说皇帝出行队伍在大斗拔谷遇难的事吗？"

"听是听说了，但佩兰她不至于……"

"这次她被选中陪同出行。真是太不幸了！"

"你……你从哪里听说的？后宫的事，外人怎么可能知道呢……"李修急切地问道。按说，后宫的事是绝不会向外界透露的。

隋炀帝此次出游的随行宫女，应该是从洛阳后宫中百里挑一地选出来的。李修怎么也没想到，佩兰竟然会被选上。

"在后宫做事的朋友托人告诉我的。"陆统回答道。

"骗人，骗人！这一定是假的！"李修突然像个孩子一样摇头大叫。

"我也希望这是假的。你有多疼爱妹妹，我是最清楚的……你觉得我会编这样的假话来骗你吗？"陆统慢慢地说着，劝慰李修。

李修突然蔫了，变得一脸木然。也许他自己也不知道，此时应该做出什么表情。

这时，陆统从怀里掏出一块三十厘米见方的绸布，不知有什么

[1] 大斗拔谷：河西走廊中部横穿祁连山的一条有名通道，今为甘肃民乐县扁都口。

用途。这绸布是用废蚕茧的丝织成的，所以有些粗糙。绸布中间绣着梅花。

“啊，这是……”李修声音嘶哑地说道。

“这个你还记得吧……”陆统满脸悲痛。

“这好像是……佩兰进宫时，我……”李修嘴唇直打哆嗦，再也说不下去了。

“没错，这是你买来送给她的吧……她一直把这件信物带在身上……直到在大斗拔谷遇难……临死前，她把这件信物交给身边的朋友，拜托其将自己遇难之事转告哥哥。”陆统说道。

“你怎么知道……我就是她哥哥？”李修心里还抱有一丝微弱的希望：但愿这只是谣传。

“确实，她临死前所说的哥哥的名字并不是‘李修’……她说是姓‘窦’——这是你的真实姓氏，对吧……不过，她说了自己哥哥是变戏法的，所以我就猜到是你……我从哪里听说的？我的朋友遍布各地，会告诉我各种消息。”说完，陆统闭上了眼睛。

李修用双手使劲儿摇晃着陆统的大腿，叫嚷道：“佩兰是怎么死的，你一定听说了吧？快告诉我！”

陆统仰天长叹：“唉，我不忍心告诉你。”

“你一定要告诉我！”

“听了你可别后悔啊！”

“嗯，当然不后悔……无论事实有多么残酷……”李修似乎已经做好了心理准备。

“那我就说啦！”陆统正襟危坐，李修这才把双手从陆统的腿上拿开。

陆统开始讲述当时的情形：“听说大斗拔谷环境非常险恶……”

今天，大斗拔谷一带好像被称为“冷龙岭”[1]——光听这名字就很可怕。事发当天，狂风大作，把雪从脚底往上吹，直令人感觉寒冷刺骨。隋炀帝一行还没走到预定行程的三分之一，就已经疲惫不堪。手下连忙搭起帐篷，供隋炀帝及其近侍入内躲避风雪。但帐篷能容纳的人数是有限的。

“你妹妹就没能进入帐篷里。”陆统说道。

“这是由谁定的？”李修叫嚷起来。

“皇帝自己呀，一个一个念名字指定的。得宠的宫女就能进帐篷里休息，其他人则不得不在外头忍受着严寒。据说，当天夜里有一大半士兵死掉了，那些弱不禁风的宫女更是冻死了三分之二。”

“混蛋！”李修呻吟道。

“皇帝真是个薄情寡义的家伙。相比之下，倒是那些士兵还比较善良。他们围坐在宫女四周，为她们筑起一道人墙，最后还用自己身体为宫女们遮挡风雪……要不是这样，冻死的宫女就不止三分之二了。”

“哼，这个家伙自己倒舒舒服服地躲在帐篷里……”李修握紧拳头，猛地捶打着大腿。“这个家伙”是指皇帝。

“皇帝身份高贵嘛。他们觉得这样做也理所当然吧！”

“什么身份高贵！明明就是禽兽！冷血的豺狼！不，简直是禽兽不如！”李修越说越激动，两眼布满血丝，嘴边唾沫横飞。

“很气愤吧？”陆统问道。

“嗯，当然气愤！”李修咆哮道。

“气愤也没用呀。对方可是当今皇帝，手握军权，统治天下，是

[1] 此处系讹误。冷龙岭位于青海省门源县城东北，而大斗拔谷在甘肃民乐县扁都口。

世上第一强者！”

“真的一点儿办法都没有吗？”李修扭动着身躯。

“其实，办法还是有的，只不过大家都不愿想。”

“这话是什么意思？能说明白点儿，让我这个没文化的人也能听懂吗？”

“好，听我说。皇帝确实是强者，但其实并没我们想象中的那样强大。因为人们内心有一种恐惧感——你明白了吗？以老虎打比方，老虎很强大，但这只是因为人类过于惧怕它，所以才会使它变得如此强大。”

“你的意思是说，正因为我们惧怕皇帝，所以皇帝才显得越发强大？”李修盯着对方，自言自语地说道。

“没错！如果想要削弱皇帝的力量，那就只有一个办法。”

“什么办法？”

“告诉大家，让大家知道皇帝并不可怕……所以……”

“所以……？”李修追问道。

“所以，”陆统停顿了一下，注视着李修那双布满血丝的双眼，继续说道，“就必须让天下人知道，有人不怕皇帝。”

“知道了又会怎么样呢？”

“不怕皇帝，这种心理会不断蔓延。然后，各地的人就会起来造反。东边闹一下，西边闹一下，皇帝的力量就会逐渐削弱。现在关键的是，得有人最先站出来。就拿传染病打比方，总得有人先得病，然后才能传染给别人。要是没有人站出来表示自己不怕皇帝，皇帝就能永远过着他的太平日子。”陆统说道。他的视线一直盯着李修。

4

西部巡游结束后，隋炀帝回到长安，稍作休整，又继续向东前行，十一月抵达洛阳宫殿。

在大斗拔谷发生的惨剧，很快就在民间传得沸沸扬扬。朝廷极力封锁，但消息还是从那些幸存的士兵口中传了出去。

“听说死了好多宫女。”

“说是死了三十多人呢。脚没力气，身体又虚弱，真可怜啊！南无阿弥陀佛！”

“听说尸体就那样扔在野外，上面落了厚厚的积雪，很快就被埋上了。”

…………

幸存的士兵回去后，把遇难战友的消息告诉了其亲属。但宫女的死讯就很难传达给其亲属了。因为幸存的宫女回宫后，仍然与世隔绝，无法与外界接触。所以，即使知道遇难者家住何方，也无法联系。

后宫严禁外界的男人出入，对于女人的管制则没那么严格，会允许女杂工进宫干一些特殊的杂活，例如处理粪便、清洁打扫等。据陆统所说，李修妹妹佩兰的死讯就是通过这些女杂工传到宫外的。

“出身潼关的宫女窦佩兰死了。剩最后一口气的时候，她拜托我把这事转告她哥哥。她也不知道哥哥住在哪里，只知道他是个变戏法的江湖艺人。你们认识这个人吗？”一位年迈的女清扫杂工四处打听，她手上还拿着一块绣有梅花的绸布——这是窦佩兰临死前交给她的。

陆统偶然听到这消息，心想：她要找的人肯定就是李修。

“我之前听你说过自己的身世，而且她又说哥哥是个变戏法的江湖艺人。所以我就猜到是你，十有八九不会错。最后，还有这绸布，可以给你确认。”陆统解释道。

李修紧紧攥着绸布，双手瑟瑟发抖，嘴唇紧咬着。

“你不要太难过了，别伤了身体。新年快到了……”陆统安慰说。但他随即意识到：在这样的场合下，无论说什么安慰话都是徒劳的。于是他改口道：“你要是愿意，随时都可以来找我说话。唉，你现在就尽情地哭吧。”说完就离开了。

李修再次来找陆统的时候，已经临近新年。

新的一年到了。

大业六年（610年）是庚午年，正值日本的推古天皇[1]十八年。日本的遣隋使小野妹子[2]带着国书首次来到洛阳，正是三年前的事。

这一时期，是隋朝国威最盛之时。

隋炀帝发出公告：将在上元节（正月十五）当天，召集来自西域以及东南亚的外国使者，在皇城端门前举行隆重的游行活动。

元旦拂晓，洛阳皇城建国门[3]前出现了大约三十个着装异样的人。

他们头戴白冠，身穿白绢衣服，一手拿着香炉，一手拿着黄色菊

[1] 推古天皇：原名额田部，是日本第三十三代天皇，日本历史上第一位女天皇、女帝。推古天皇在位三十六年间，以圣德太子为中心，推行一系列政治改革，是谓推古朝改革。

[2] 小野妹子：565～625年间人，日本飞鸟时期的政治家。根据《日本书纪》中记载，其于607年与609年两度以遣隋使的身份出使隋朝。

[3] 此处采《隋书》记载：“入自建国门。”建国门为洛阳城的正门，而洛阳皇城正门为端门。两者并非同一门。联系上下文，这里应当是指端门。下同。

花。香炉里还飘散出淡淡的白烟。这些白衣人排成两列，径直朝建国门走来。

因为当天是元旦，所以城门大开。当然，城门两侧有全副武装的卫兵把守着。

“你们是什么人？”守兵队长盘问道。

站在白衣队列最前头的人严肃地回答说：“我们是弥勒佛！”

“啊，您说什么？”守兵队长问道。但语气显然客气了许多。

当时，弥勒佛信仰在民间流传甚广。据说，在末法之世，弥勒佛会降临世间以普度那些错过了释迦佛的众生。所以，祈求弥勒佛降生的信仰就在民间流传开来了。

“我们是弥勒佛！”站在队列前头的白衣人再次回答道。

“啊！”守兵队长随即下跪，双手合十，叩头行礼。他是个虔诚的弥勒佛信徒。守兵们也和队长一样，纷纷跪下。

“那我们就过去了！”站在队列前头的弥勒佛迅速地举起右手，那三十位白衣人就从左右两旁跪着的守兵中间鱼贯而入，向皇城走去。

后来，这些守兵被审问时，都异口同声地说：自己以为他们是皇帝邀请来的弥勒佛。

当人们笃信弥勒佛时，弥勒佛就不仅存在于观念之中，而是化身为有血有肉的实体。所以，当一群白衣人从眼前走过而且自称是“弥勒佛”时，守兵们都没有感到丝毫怀疑。

细想一下，守兵们轻易地放三十个白衣人进入皇城中，倒也是合乎情理之事——在皇城正门看见有人堂而皇之地列队经过，当然谁都会以为是皇帝邀请来的人吧，更何况还听见他们自称是“弥勒佛”。

皇城正门守兵人数众多。进了城门之后，还有许多守兵列队而立。此时，他们也全都像着了魔似的，纷纷跪拜，双手合十。原本手中拿着的长矛，也都纷纷扔在地上，排了长长的一列。

三十个白衣人全部进入城门之后，队列最前头那人突然大声下令："大家快把地上的长矛捡起来！"说时迟那时快，两列白衣人立刻向左右两边分开，把士兵们扔在地上的长矛抢了过来。

"啊，这是怎么回事……"守兵们这时才发觉情况异常。

"有坏人！有人造反！"第一个喊出这话的守兵，大概是平时不太信仰弥勒佛吧！

此刻，三十个"弥勒佛"都已个个手握长矛了……

5

当晚，在城门内负责巡查的，是隋炀帝的二儿子——齐王杨暕。

齐王手下有近千名近卫兵，当他听到城门口传来"有坏人！有人造反！"的喊声时，就迅速出动。

"元旦伊始，就敢在皇城端门闹事。格杀勿论，绝不姑息！"这命令魄力十足。

但齐王及其手下对于敌情却一无所知：当时天还没亮，根本看不清楚是什么状况。所以，开始时近千名近卫兵都战战兢兢，畏缩不前。不久，近卫兵们逐渐适应了周围的环境，而且，"弥勒佛"所穿的白衣在昏暗中也十分显眼。

城门守兵队长竭尽全力，连声喊道："白衣人！白衣人！白衣人是坏人！"

"白衣人没多少嘛！顶多也就一百人！给我上！"齐王叫道。他的本意是想尽量把对方的人数往少里说，以便给自己手下的士兵壮胆。但他不知道，对方人数其实比他说的还要少很多。

“杀啊——！”齐王麾下的近卫兵大声喊叫着，冲向白衣人。

三十对一千。

虽然天还没亮，看不清楚对方人数。但实际一交手，根据现场状况就能很快判断出来。

近卫兵们都感觉到：没想到对方人数竟然这么少！但即便如此，还是没有人猜到对方其实不足五十人。

身穿白衣的弥勒们被一一砍倒。拂晓的皇城内，白色身影正逐渐消失。

端门上的重楼面向南边，被称为“太微观”。在近卫兵的围攻下，有两个白衣弥勒逃到了太微观的二楼。

“咦，李修？”

“啊，陆统……”天色渐亮，两人勉强看清对方的脸——逃到太微观的这两个白衣弥勒，正是陆统和李修。两人身上的白衣，都已被鲜血染红了一大半。

“你后悔吗？”陆统问道。刚才，站在白衣弥勒队列前头那人，正是已经还俗的三阶教僧人陆统。

“不后悔。太痛快了！”李修微笑着说道。

这次白衣弥勒行动，是由陆统谋划的。

当李修得知自己最疼爱的妹妹是被皇帝害死时，无比愤怒。陆统见状，就唆使他起来造反。李修召集了三十名追随自己的游侠之士，加入了陆统筹划的行动。当然，就连主谋陆统也根本不指望这三十人能造反成功。他只是想让天下人知道：有人不惧怕皇帝的权势。

为了实现这个目的，就必须把事情闹大，以便吸引天下人的关注。而不能让事件在黑暗中被掩盖，寂寂无闻。

身着白衣的话，在黑夜中也很显眼，很容易被人发现而葬身刀剑之下。但他们仍然特意穿上白衣，这是因为他们担心的并非生命危险，而是自己的行动不能引起天下人的关注。三十名自称为“弥勒佛”的壮士——无论朝廷如何封锁消息，各种传言也会不胫而走吧。

陆统对李修说道：“把事情再闹大一些吧！”

“怎么个闹法？”

“烧掉这太微观！”陆统话音未落，就听见楼梯处传来近卫兵的脚步声，“快动手！”

陆统躲到柱子后面，从怀里掏出一个皮囊。然后，他一边爬行，一边把皮囊里的液体倒在地板上——这是他事先准备好的油。太微观二楼有点燃的篝火，陆统走近篝火台，将其掀翻在地。

火很快烧着地上的油。一瞬间，城楼上成了一片火海。

“啊，着火了！”爬上二楼的近卫兵们惨叫着往后退。这种时候，谁都不会奋不顾身地跳入火海。而陆统与李修就站在火海之中。

过了一会儿，两人走到栏杆旁，向下张望。近卫兵们已经把白衣弥勒砍杀殆尽，正抬头仰望着熊熊燃烧的太微观城楼。

“来了好多人啊！”李修气喘吁吁地说道。

“越多越好！”陆统点点头，“但愿有更多人把我们的事迹传扬出去！”

“接下来，还要做什么？”李修问道。他已经遍体鳞伤了，刚才疼痛难忍的左胳膊，此刻已经完全失去了知觉。

“骂骂皇帝吧？”陆统答道。

“我也来……齐声大骂，最过瘾了！”

“那先说好怎么骂吧！”

“怎么骂呢？”

“‘杨广大混蛋’，如何？就骂‘大混蛋，遭报应’吧。总之，越直白越好！”陆统说道。当时，佛教在民间流传甚广，“遭报应”，意味着触犯了佛法。所以，这句话可以说是通俗易懂的、最狠的骂人话吧。

两人声嘶力竭地扯开嗓子，齐声叫骂起来。

一遍，两遍，三遍……

然而，第三遍还没骂完，李修就捂着胸口倒向栏杆外，坠下城楼——一支箭射中了他的心脏。

“好嘞，我随后就来！”陆统说完，纵身一跃，跳下了城楼。

6

大业六年元旦发生的事情，朝廷虽然极力封锁，但消息还是很快就在民间流传开来——毕竟，当天出动了上千名近卫兵，他们到处向人讲述自己亲身经历的这起离奇事件。装扮成白衣弥勒佛的谋反者在皇城内负隅顽抗到最后一刻，无论谁听了都会过耳不忘，甚至还想当成故事讲给别人听。

朝廷方面，对这一事件采取了冷处理对策。正月十五日当天，还是按照原计划举行了隆重的游行活动。刚发生惨剧的端门前的大广场上，整夜灯火通明，光如白昼。据说，当晚朝廷还召集了一万八千多名乐师进行演出。在中国，正月十五日被称为“元宵节”，当天晚上有挑灯游乐之习俗。这一习俗，据说正是从大业六年的游行活动开始的[1]。

至于白衣弥勒的人数，有的书中记载为三百人——这一数字大概有误。而我认为《隋书》记载的“数十人”才是正确的。尽管只有

[1] 见《资治通鉴·卷一百八十一》：“大业六年春，正月……丁丑，于端门街盛陈百戏，戏场周围五千步，执丝竹者万八千人，声闻数十里，自昏达旦，灯火光烛天地；终月而罢，所费巨万。自是岁以为常。”这里应当是指元宵节时端门灯火及庆祝活动，并不是泛指整个元宵节庆的活动。

三十来人，但反响却很大。

“听说他们在太微观城楼上把皇帝大骂了一通。胆子可真够大的！”

“哎呀，连皇帝也不放在眼里啊！”

“他们难道不怕皇帝吗？”

“肯定是不怕。如果怕的话，就根本不可能干出这种事。”

关于白衣弥勒的消息，被添枝加叶地流传开来。不仅在洛阳城，甚至还传到了西边的西安、南边的扬州：“居然有人不惧怕皇帝的权势……”社会底层的百姓们深感震惊，同时也获得了一种精神寄托。

这一年，隋炀帝到扬州巡游，尽情玩乐。

第二年，隋炀帝征天下并讨伐高句丽[1]。

隋军决定兵分两路：陆军越过长城前往辽宁，海军从山东半岛横渡黄海到达目的地。动员令颁发下来，百姓们被迫加入这场师出无名的战争。青壮年男子被抓去当兵，田地无人耕种，结果导致米价暴涨，给百姓们的生活造成重大打击。特别是山东，不仅成了海军基地，又频繁遭遇水灾，已是民不聊生。

“忍一忍吧，毕竟这是皇帝的命令呀！”每当听到别人这么劝说时，大家就会想起那群白衣弥勒佛。

“皇帝有啥了不起的！还有人曾在洛阳太微观城楼上大骂皇帝呢！”

三十位白衣壮士被杀之后，不到半年，尉文通在山西省代县雁门召集了三千人，以莫壁谷为据点揭竿而起。又过半年后，王万昌在广

---

[1] 高句丽：公元前 1 世纪至公元 7 世纪在中国东北地区和朝鲜半岛存在的一个政权。唐高宗总章元年（668 年），唐军攻克平壤，高句丽灭亡。之后，唐朝设置安东都护府统辖该地。

东省琼山县起兵造反[1]。这两支起义军很快就被镇压下去了。然而，局势已经变得一发不可收拾。

在山东各地，人们陆续起来造反。大业七年（611 年），山东涌现出了大批的起义军：

在邹平县，王薄自称“知世郎”（深谙世事之人），还编了一首《无向辽东浪死歌》，鼓动人们起来造反。被隋炀帝征兵去讨伐高句丽的人心想：横竖都是死，不如起来造反！于是纷纷前往投奔王薄的起义军。

在平原（今山东平原西南），刘霸道召集了十余万大军，举旗造反。大家都称他们为“阿舅军”。后来，起义军由李德逸负责指挥。

在漳南（今山东德州市武城漳南镇），孙安祖违抗朝廷的征兵令，以高鸡泊为据点聚众造反。

在鄃县（今山东省夏津县），张金称举兵起义。但他只是个杀人魔王，纠集了一伙心怀不轨的恶棍，沦为流寇。

孙安祖被张金称杀害之后，其部下前往投奔一位名为窦建德的侠义之士。

造反的火苗，已成燎原之势。

没过多久，朝廷中有人看到隋王朝气数将尽，便转而支持起义军。隋炀帝在扬州被部下杀死，宣告隋王朝就此结束[2]。此时距白衣弥勒

[1] 史书并未记载王万昌具体的起义地点。据《隋书》载，王万昌为珠崖郡（今属海南省）人。

[2] 关于隋朝灭亡的时间，史学界向来存在争议，一说公元 618 年，一说公元 619 年。大业十四年（618 年），宇文化及等人在江都发动兵变，弑杀杨广。同年隋恭帝杨侑（为李渊起义军自行拥立）禅位李渊，李渊称帝，建立唐朝。公元 619 年，王世充拥立的皇泰主杨侗也被废，隋朝完全退出中国历史舞台。因此，如果以恭帝退位为准，则隋朝享国三十七年；若以皇泰主被废为终点，则隋朝享国三十八年。

事件仅仅过去八年而已。

隋炀帝之所以被杀，是因为当时中原大乱、群雄割据，他无意返回北方；而他麾下的将士却大都是北方人，他们思乡心切，最终决定采取极端行动——弑君。

这些人在扬州杀死隋炀帝时，心中一定想起了八年前在建国门发生的白衣弥勒事件。

当年围攻三十位白衣弥勒的那千名近卫兵也来到了扬州。他们在杀死隋炀帝之后，还杀死了齐王杨暕——那个当年指挥近卫兵杀死白衣弥勒之人。

7

中原逐鹿之战，最后的胜利者是唐高祖李渊。

统一中国的隋朝以三十七年的短命王朝而告终，之后的唐朝统治却长达近三百年。

隋炀帝被杀是在618年——唐高祖把这一年定为武德元年。

三年之后，唐高祖率军在汜水之战中获胜，攻下洛阳[1]。

隋炀帝后宫的宫女们，原本已经断了重见天日的念头。但随着隋王朝的覆灭，她们终于重获自由。这些宫女都尽可能地去投靠亲戚，开始自己新的人生。但其中也有些无亲无故、走投无路之人。

“振作起来呀，你还不到三十岁呢，这么年轻！”负责清扫的老太婆拍着一位宫女的肩膀安慰道——这位宫女正是佩兰，她并没有在大斗拔谷遇难。其实，她根本就没有入选隋炀帝那次西巡的陪侍宫女

[1] 即虎牢关之战，为秦王李世民与王世充的郑军、窦建德的夏军进行的一场极为重要的战役。

之列，而是一直留在东都洛阳的后宫里。

“我找了这么久，可还是没找到哥哥的下落。”佩兰长叹了一口气。

“很快就会找到的。”老太婆说着，轻轻地把手从佩兰肩上拿开了。

“可是，我十年前就已经拜托你帮忙打听哥哥的消息啊……你认识这么多人，都打听不到他的消息，看来是没希望了！”佩兰有气无力地摇了摇头。

“是呀……”老太婆皱着眉头。

“当时交给你的绸布，现在在哪儿呢？就是那块绣有梅花的……”

“唉，转交过很多人的手，现在也不知去哪里了。当时，一听说碰到像你哥哥那样的人，我就会把绸布拿给对方看……”老太婆的声音低沉而忧郁。

“找不到哥哥，我至少还可以抱着那块绸布，有个念想……可是现在连绸布都不见了……”佩兰声泪俱下。

“对不起，”老太婆连忙道歉，“我不知道那东西这么重要，把它弄丢了……”

“别这么说。你是在帮我打听哥哥的消息呀，我怎么能怪你呢？”

“可是……”

“这么一直惦记着哥哥也不是个事儿……现在，绸布没了也好，这样我就可以放下念想了。”佩兰抬起头，似乎重新振作起来。

“听你这么说，我也就放心了。不过，长老他……”老太婆突然打住了话头。

“长老是谁呀？”佩兰问道。

“算了，当我没说。”老太婆目不转睛地凝望着眼前的洛水。其实，她也是三阶教的信徒。她们教团的长老，后来还俗了，改名为“陆统”。

这位长老曾经拜托老太婆："宫里头有没有一位名叫佩兰的宫女？如果有的话，你就跟她说：我可以帮她打听她哥哥的消息，不过得先向她借一件信物——要让她哥哥一眼就能认出是妹妹的东西。"

老太婆并不知道长老有何用意，但她知道：只要按长老的吩咐去做就不会错。

"长老到底去了哪里呢？"老太婆茫然地想。

那年年末，长老对老太婆说："我要去很远的地方，跟那个佩兰的哥哥一起去。"直到现在，老太婆才若有所悟：当时长老所说的"很远的地方"，大概是指另一个世界吧。

十多年过去了，长老杳无音信。

既然长老说跟佩兰哥哥一起去很远的地方，那么，就算佩兰想尽一切办法，也不可能再见到哥哥了。老太婆十分同情佩兰。但当她想到佩兰哥哥竟然能与尊敬的长老一同慨然赴死时，又不免觉得有几分羡慕。

她坚信：长老一定是杀身成仁了——"杀身成仁"是长老时常挂在嘴边的一句话。意思是：为了世人而牺牲自己。所以，她猜想：佩兰的哥哥也一定是为了世人而牺牲了。

"你哥哥人很好吗？"老太婆问道。

"嗯，他人特别好……不过，我决定从今天开始放下念想，不再找他了。"佩兰以手掩面。

"你没有地方落脚，怎么办呢。不如跟我一起去长安吧？"

"长安哪里？"

"寺院。"

"您是想让我当尼姑吗？"

"不是的。寺院里也有很多事做的，不一定要削发。"老太婆打算带佩兰去长安的三阶教尼姑庵，那里设有“无尽藏院”[1]。所以，即便不当尼姑，也有许多事可做。

“去不去呢？”佩兰回头眺望。

前面是洛水，后面是皇城。

皇城南边有三座城门，正中间的那座就是建国门。白衣弥勒闯入城内时曾放火烧城楼，但很快被扑灭了。十年后，以洛阳为根据地的军阀王世充觉得建国门太过宏伟、奢侈，就再次放大火把它烧掉了，以风格艳丽闻名的乾阳殿也一同化为灰烬——天下军阀，似乎都爱干这种事。

此时，映入佩兰眼帘的，正是那座被烧毁的建国门废墟。她并不知道自己的哥哥已在这里死去。

当她看见原本是洛阳城标志的建国门变成了残垣断壁时，顿时觉得此处已经没有什么值得留恋了。

“走吧，我也去。”老太婆反复劝说道。

佩兰便干脆地答应了：“嗯，好吧……感觉会时来运转呢！”

“是呀，是呀，一定会时来运转的！弥勒佛很快就会降临到这个末法之世的！”

“但愿如此。”

坐在洛水河畔的佩兰慢慢地站起身来，仰望天空。

大唐的春天即将临近……

[1] 无尽藏院：三阶教在佛教寺院的金融机构。以信徒施舍的物品为佛教活动提供经济支持及赈济贫穷。

塑像师的奇遇

李隆基就是后来的唐玄宗皇帝。

为了这一天，他早已在暗中把贤能之人、勇武之士拉拢到自己身边。

笼络身居要职之人会引起韦氏一族的怀疑，所以，李隆基的联合对象主要是下级文官，以及年轻的武官将领。太平公主的儿子薛崇简就在其中——太平公主也是李隆基的靠山。

唐中宗[1]死后第十八日，当晚，满天繁星像下雪一样地陨落。

有人指着夜空叫道："快看呀！天星陨落，这正是天意！"

担任果毅都尉[2]之职的青年将领葛福顺拔剑杀入羽林营。羽林营即近卫军。韦氏一族将掌握军权视为建立新王朝的基础，所以，他们把自己人安排到羽林营当统领，例如韦璿、韦播等人[3]。韦皇后掌权之前，这些人只不过是下级军官，而今摇身一变，升任为羽林营将军，一个个飞扬跋扈，到处逞威风。

为了显示自己的威严，韦氏一族推行高压政策，动不动就对部下施以鞭笞之刑。近卫兵们一看见韦氏将军，眼睛里就流露出恐惧之色，同时也意味着憎恨。

李隆基对羽林营的这一实情十分了解。和之前李重俊贸然发动政变不同，李隆基准备得非常充分，在各个军营里都安排有内应。按照李隆基的指示，葛福顺率兵冲进羽林营后，只杀了韦璿、韦播及其党羽高崇这三个人。韦氏一族完全没有防备，因为他们大都是阿谀奉承

---

[1] 唐中宗：656～710年，唐朝第四位皇帝，683～684年、705～710年两度在位。为李隆基父亲李旦的兄长，即李隆基的伯父。

[2] 果毅都尉：唐、宋军事职官名称，果毅都尉是唐折冲都尉的副职。

[3] 据《资治通鉴》记载："韦后……征诸府兵五万人屯京城，使驸马都尉韦捷、韦濯、卫尉卿韦璿、左千牛中郎将韦锜、长安令韦播、郎将高嵩等分领之。璿，温之族弟；播，从子；嵩，其甥也。"

之徒，没有真才实学，自然不懂得预判形势。

“先帝是被韦皇后毒死的！今晚，要把危害国家的韦氏一族全部杀掉！”葛福顺率兵冲杀进去时，营中回荡着这样的喊声。

有人呼应道：“比马鞭高的，一律斩首！”意思是说，除了婴幼儿之外，要把韦氏一族全都杀掉。

——摘自《小说十八史略》第五卷《威武的李隆基》

1

我（指作者）在学生时代曾参观过法隆寺的五重塔[1]。当我看见塔内的塑像时，心里有一种不同于看见镀金铜佛像和木雕佛像的亲近感，大概是因为我读小学时曾经做过黏土手工活儿吧——把黏土捏成某个造型，那种指尖的触感一直残留至今。

可以说，雕像和塑像是完全不同的两样东西。虽然同属于造型艺术，但雕像是把模块切削下来，而塑像则是把黏土拼接上去——切削和拼接，可谓截然相反。

在小学的手工课上，应该也有雕刻，我却不记得这种指尖的触觉了。记住好的事情，尽快忘掉不愉快的事情，这是人的本能。我讨厌雕刻。昭和[2]初期，小学生的手工课上，经常用亚麻油毡块代替木头做雕刻材料。因此，我在雕刻时，经常不小心被刀割伤手，故而对雕刻深恶痛绝。并且，在雕刻时，一旦材料被切削，就再也拼接不回去了。不就是做手工，游戏而已嘛，何必这么死板呢——我小时候对雕刻一直有这样的抵触情绪。但是，如果做黏土手工的话，只要不满意，就可以推翻重来，多少次都没关系。这种“人性化”正合我意。当然，我也捏得不太好，只是喜欢黏土多于雕刻而已。

---

[1] 法隆寺：又称为斑鸠寺，位于日本奈良生驹郡斑鸠町，是圣德太子于飞鸟时代建造的佛教木结构寺庙，据传始建于607年，但是已无从考证。1993年列为世界文化遗产。五重塔在法隆寺西院，为唐朝时日本学习模仿大唐建筑的产物，是日本现存最古老的塔。

[2] 昭和：日本第一百二十四代天皇裕仁在位期间使用的年号，时间为1926～1989年。

后来，我去了一趟敦煌。石窟寺内的佛像，无论大小，全都是塑像。这让我十分欣喜。大同云冈石窟和洛阳龙门石窟里全是石佛；而在敦煌，却没看见一尊石佛，这是因为敦煌岩质颗粒较粗、土质松软，不适合做佛像。不过，在这里同样没看见木雕佛像，倒是有些意外，这大概是因为，石窟寺里不适合摆木雕佛像；而且，敦煌地处沙漠地带，树木也十分珍贵。

敦煌的唐代塑像，是以木头制作骨架，外面捆上稻草，再涂上黏土（混合了切得很细碎的草和麻）。为了防止表面龟裂，还在石灰里掺了丝屑、云母、碎纸等。印度的佛像，几乎无一例外地全是雕像，一到中国则出现了许多塑像，这应该是佛像中国化的表现之一吧。在日本，也有很多有名的塑像作品，例如：法隆寺的塔内塑像，新药师寺的十二神将像，三月堂的日光菩萨、月光菩萨，等等。

在历史上，敦煌在相当长一段时间里属于中国的边境地区，和长安、洛阳相比，只是穷乡僻壤。所以，在敦煌无论是绘制壁画的画工，还是制作塑像的工匠，可能大多只是二流艺术家。即便出现一流的艺术家，也很可能会被征召到京城去。然而，政治中心即政治斗争的中心。到了战乱频发的时期，一流艺术家在京城制作的作品几乎全都被破坏殆尽而未能保留下来，反而是二流艺术家们在边陲小镇制作的作品留存到今天。这真是莫大的讽刺啊！

我瞻仰着敦煌的塑像，心想：曾经供奉在长安寺院中的那些最上等的佛像，到底是什么样的呢？

唐代传记里记载了关于塑像名作的逸闻——不是佛像，而是位于长安附近的法喜寺[1]里的白龙塑像。

[1] 据《宣室志》记载，法喜寺在政阳郡东南，该郡处于渭水之西百里的地方。

这事发生在唐代元和至长庆年间[1]，即公元9世纪初。法喜寺有个僧人经常梦见同一情形：流经附近的渭水有一条白龙腾空飞起，飞到佛殿的屋檐下，不久就向东方的天空飞走了。而每次梦见这情形后的第二天，一定会下雨。这僧人觉得很奇怪，就把梦告诉别人。

有人听后，说道："这寺院环境清净，所以白龙才会来。这是很荣耀的事，可以用某种形式留作纪念……对了，不如就做一尊白龙塑像，摆在那屋檐下吧。"僧人听从了他的建议，请来有名的塑像师制作白龙像。塑像师将全部心血倾注其中，最后做成了栩栩如生的白龙塑像。

某天夜里，只见佛殿屋檐下云气升腾，但因为夜晚黑暗，看不清发生了什么事情。不久，有人发现屋檐下的白龙塑像不见了，大吃一惊。大家都吵吵嚷嚷的，乱作一团。到傍晚时分，一团云气从渭水上空升起，然后向佛殿涌来。大家纷纷叫嚷："快看！快看！"再看时，那云气却已经消失，屋檐下又像往常一样安放着塑像白龙。而且，龙鳞上沾满水珠，闪闪发光，但外面并没下雨。

为了不让这条白龙再飞走，法喜寺的僧人们用铁锁把它锁在屋檐下。此后，白龙就没有再飞到外面去戏水了。据说，每逢干旱或涝灾，人们只要向这白龙塑像祈祷，它就一定会应人所求。

制作出能呼风唤雨的白龙塑像的工匠，应当是一位技艺高超的塑像师吧。可惜，张读的《宣室志》里虽然记载了这段逸闻，却没有记载这位工匠的姓名。可见制作塑像的工匠社会地位是很低的，雕刻师也不太受重视，甚至比起同样不受重视的画家，其地位至少还要低一级。

唐玄宗时期有一位很出色的塑像师，名叫杨惠之。据说，他原本

[1] "元和"为唐宪宗李纯的年号，806 ~ 820年；"长庆"为唐穆宗李恒的年号，821 ~ 824年。

是和著名画家吴道子一同学画的。后来，吴道子被朝廷任用为宫廷画家，而杨惠之则放弃了绘画，转行从事塑像。因为在绘画方面他是无法超过吴道子的，所以只好转行。可见，当时大概有许多未能混出名堂的画家，选择了塑像作为出路。

与画家相比，史料记载中很少留下塑像师的名字。

2

安生，是少数在史料中留下姓名的幸运的塑像师之一。他是山西人，活跃在8世纪初。

安生年轻时，曾在长安学习绘画和塑像。

当时，画家和塑像师大多在寺院或道观从事建筑装饰活动。画家在墙壁、绢、纸上绘画，塑像师则制作佛像以及菩萨、玉帝、关公等塑像。他们往往从当学徒时就同时学习绘画和塑像。被称为“画圣”的吴道子也留下了塑像作品——据说，开封大相国寺东塔的文殊菩萨像和维摩居士像就是出自吴道子之手[1]。

从原则上来说，虽然绘画和塑像都要学；然而，依据个人情况的不同，会有所侧重。安生逐渐把重心放在了塑像方面。他觉得，制作塑像更适合自己的性格。

无论学习什么技艺，只要有竞争对手，就会进步很快。安生有个强劲的竞争对手，名叫郭玄。他俩的师傅名叫文远之，与显赫一时的尚方丞（相当于皇家工艺院主任）苑东监[2]是同门。其实，文远之的

[1] 此说并不见于中国史料及各种笔记资料。据传，吴道子在大相国寺作《文殊维摩菩萨像》，亦为画作。

[2] 此处系讹误，“尚方丞”与“苑东监”在唐代时都为官职名称。

技艺比苑东监高超，但他不愿出仕，因此只是个民间艺术家。他曾经这样评价自己的两个徒弟："安生和郭玄都会成为比我出色的塑像师。接下来，就是技术层面以外的问题了。"

安生对宗教很虔诚，郭玄则不信教。然而，师傅文远之却劝郭玄："你不如去出家当和尚吧。当了和尚，仍然能做塑像的。"

而对于安生，师傅文远之则给出了这样的建议："对于世俗之事，你要多去了解。对人也一样——光看表面，是很难真正了解人的内心情感的。"和对郭玄所说的出家当和尚截然相反，师傅是劝安生不要脱离世俗。

"师傅为什么没劝我出家呢？"安生百思不得其解。

"这不是明摆着的事吗？"郭玄冷笑道，"师傅知道我是个好色之徒，所以想让我出家。而你不近女色，所以师傅想让你多出去玩玩……不过，我还没玩够，怎么可能去当和尚呢？"

"为什么非要去玩呢？"

"很多菩萨都是女身形象呀！"

"这我当然知道。"

"不了解女人的奥秘，就做不出菩萨像来。"

"嗯……也许吧……"

虽说不了解女人就做不出菩萨像，但在塑像技艺方面，不近女色的安生却自认为不比好色之徒郭玄差。

安生心想：师傅大概是让我要有一颗柔软的心，这样才能克服作品的生硬感。

安生在长安拜师学艺时，正是武则天当政期间。虽然后世史家大都把这段时期划入唐代，但身为唐高宗皇后的武则天自立为帝后，就把国号"唐"改为了"周"，这一时期称为"武周"更为确切。为助武则天登基，法明僧人等伪作《大云经》[1]，并在经文中暗示：武则天是弥勒菩萨化身下凡，应该取代唐朝成为天下的主人。之后，武则天废掉儿子唐睿宗，自己当皇帝。这是空前绝后的事情——有史以来，中国女皇帝唯有武则天一人。

武则天深信自己是弥勒菩萨转世重生。于是，她下令在全国各地建造了许多弥勒菩萨像。我在敦煌第 96 窟见到了高达 35.5 米的弥勒塑像——高度是日本奈良大佛的两倍以上，十分雄伟。这座塑像就是建造于武则天时期的。不过，据说后来经过多次修补，最初的姿态已经无法窥见了。

连边陲小镇敦煌都如此，在长安一带，弥勒像当然就更加流行了。文远之这样的民间工匠也被圣旨召到了京城，大概是因为同门苑东监了解文远之的才能，所以向武则天推举了他吧。文远之受命在宫城的佛殿内制作佛像。当然，他还带上了几个得力的徒弟一同前往。

皇城位于长安城北边，皇城再往北，则是宫城。皇城是天子的办公地点，行政机关也设置在这里；而宫城则是天子的私人生活场所。官员们可以出入皇城，却极少能进入宫城。所以，宫城也有“禁宫”之称[2]。

“真想住在这种地方啊！”郭玄脱口而出。

师傅听了，连忙斥责道：“别瞎说。被别人听到的话，可是要掉脑袋的哟！”

---

[1] 关于为武则天登基而伪造的经卷，史学界历来颇有争议。《唐书》等正史记载《大云经》系伪造，然此经早在晋代传入中国就已有译本；《资治通鉴》中称“撰疏僧”（为《大云经》做注解之人），即所著为《大云经疏》，这一观点现在多被史学界采纳。

[2] 唐代长安城分为宫城、皇城、市和坊。宫城和皇城为皇帝生活及办公的地方。

郭玄缩着脖子，吐了吐舌头。不过，等师傅一走开，他就小声地问安生："难道你不想吗？"

"不想。"安生回答道。虽然这里宽敞奢华、金碧辉煌，令人赞叹，但安生从没想过要住在这里。

"真的？为什么呢？"郭玄盯着他，问道。

"住在这种地方也太可怕了吧……"

"噢，你觉得可怕呀……你果然与众不同……"郭玄喉咙里发出了嗤嗤的笑声。他大概觉得安生是个胆小鬼吧。

3

在宫城里，大的佛殿只有一座佛光寺，但小佛堂随处可见。

这里的建筑风格因时而异。例如：唐玄宗尊崇道教，所以他在位期间建造了许多道观；而武则天尊崇佛教，所以她当政时建造了许多佛堂庙宇。而且，武则天在位时期，即使是甘露殿、神龙殿、观云殿等与佛教无关的建筑物里，也会摆设着佛像以及与佛教相关的壁画。

自然，宫城里还有很多宫女。既然是女帝当权，宫女们无须为得到皇帝的宠爱而争芳斗艳。所以，她们不炫耀自己的姿色，而是"收藏"起来。这个时期的宫女，往往散发出一种内敛的妩媚。

"你们碰见宫女的话，不能直盯着人家。最好是低头不看。"文远之对随行前往宫殿的徒弟们提出了忠告。

"难得有瞻仰美女的机会……嗯，有办法了……"郭玄微笑着说道。他在宫里碰见宫女时，虽然低下头，眼珠却往上翻，偷偷打量对方。

"喂，你怎么样，见到美丽的菩萨了吗？"郭玄不时这样嘲笑安生。

此时，安生正处于苦恼之中——他做不出菩萨像，做不出有活力的、有感情的菩萨像。

师傅也评价说：“你做的塑像，缺少一种能打动人的东西。”

安生问道：“那我应该怎么办呢？”

师傅反问道：“你没有试过心动的感觉吧？——为美丽的女人而心动。”

“为美丽的女人……”安生小声嘀咕道。

师傅斥责道：“从来没心动过的人，又怎么可能制作出能打动人的塑像呢？”

“何时才能遇到让我心动的女人呢……”这就是安生的烦恼。看见漂亮的女人时，他虽然也会隐约觉得对方漂亮，却从来没试过怦然心动的感觉。也许自己是个感觉迟钝之人吧。

安生开始觉得自己有缺陷。正因为这缺陷，自己的塑像技艺到达一定程度时，就会遇到瓶颈，无法往前更进一步，甚至可能终生都只是一个平庸的工匠……这是他所不能容忍的。他想无论如何艰难困苦，我都要跨过这道障碍！然而，这并不是努力就能做到的事，而是禅宗所谓的机缘，就看能不能遇到。

除了祈求遇到机缘之外，别无他法。安生暗自祈祷：“但愿能遇到。”

郭玄偷看宫女，是出于好色之心。而安生偷看宫女，则是出于一种期盼遇见让自己心动之人的愿望。

可是，安生始终未能如愿。他渐渐变得悲观起来：“连美女云集的宫城里，都没遇到让自己心动的女人，那么其他地方就更没希望了……”

他们奉命在宫城内制作塑像期间，时局发生了剧变。

武则天年逾八十，已经老了。她一味宠爱年轻英俊的张易之、张昌宗两兄弟，以至纲纪混乱，朝廷内外怨声载道。在此情形下，宰相张柬之在羽林军的支持下实行兵谏，拥立皇太子李显，是为中宗。政变发生在神龙元年（705 年），史称“神龙政变”。

当然，这次政变并不彻底。李显是武则天的亲儿子，与位高权重的武氏一族有着千丝万缕的血缘关系；发动政变的张柬之是武则天一手提拔的宰相，也已经是年逾八十的老人——这样的政变，当然也就不可能指望彻底肃清前朝势力了。

新皇帝唐中宗优柔寡断，实权都落入皇后韦氏之手。人们暗地里议论纷纷：“这不是和武氏当权一个样吗？不过是历史重演而已……”在肃清中幸免于难的武氏一族，尤其是武三思，与韦氏相勾结，大肆揽权。而政变的功臣张柬之却被诬陷贬官，忧愤而终。

政变当年十二月[1]，武则天去世了，享年八十二岁。

因为神龙政变的不彻底性，最后出现了这样的结果：许多武则天时代的政府高官免于肃清，而不少下级官吏却被清洗。这是不合常理的。

在宫城内负责营建或管理工匠的官员、技术人员，虽然和政治毫无关系，却也受到了牵连。很多人被撤职，所以有很多职位需要补缺。文远之虽然唯恐避之不及，但最终还是没能避开，被任命为尚方丞。

这次，文远之决定让安生当助手，而没有带上他的大弟子郭玄。借此机会，郭玄出家当和尚去了——这是师傅从前对他的忠告。

政局持续动荡。

---

[1] 此处为西历换算。中国史籍记载武则天去世的时间为十一月二十六日。

朝廷被韦氏一族和武氏一族垄断。这让皇太子李重俊深感不安——他虽然是唐中宗的长子[1]，却并非韦皇后所生。在不安的驱使下，皇太子发动政变，诛杀武三思，但最终未能夺取政权，自己反而被杀死了。这是张柬之发动政变两年后，即景龙元年（707 年）的事。

韦皇后想成为第二个武则天。在镇压了“景龙政变”之后，她更是大肆任用韦氏一族的人，以此巩固自己的权力。宫城内的所有官员，都被人看作是有韦皇后做靠山的。

“要是别人也这样看我，那可就太闹心了。”文远之说道。他一向具有高人风范，现在又想重新当他的民间工匠。最终，他告病辞职了。并且还推荐安生作为自己的继任者。

安生顶替师傅到少府监的中尚署就职[2]。师傅原本担任“丞”之职，官位为从八品。安生则担任职位更低的“监作”之职，官位为从九品下。这应该是所有官吏当中地位最低的吧。尽管如此，对一个工匠来说，也算混出名堂了。毕竟，还有很多同伴没能当上官呢。

安生的上级名叫韦山，官任中尚令。他也属于韦皇后的门族[3]，但亲缘关系相当疏远，即使皇后听了也记不住他。就连这样一个管理工匠的从六品小官，皇后也要任命自己的远亲担任。

“喂，你叫安生对吧。既然你是我的部下，那就要为我韦氏门族鞠躬尽瘁！”安生就任当天，韦山这么告诫他。韦山老是把“韦氏门族”挂在嘴边，满脸得意扬扬。

---

[1] 此处系讹误。李重俊为唐中宗第三子。但当时，中宗长子李重润被武则天杖毙（一说被逼自杀），次子李重福遭韦皇后诬陷被贬，因此李重俊得以被封为太子。

[2] “少府监”在唐代为掌管百工技巧诸务的官职，“中尚署”为隶于少府的皇家机构。

[3] 门族：即宗族、家族、门第。

4

景龙四年（710 年）六月，唐中宗去世，享年五十五岁。

自从景龙政变太子李重俊身死之后，唐中宗就开始对韦皇后的言行产生了怀疑。他越来越厌恶僭越专权的韦皇后，这种态度难免会表露出来。韦皇后觉察到之后，就想换一个更容易操纵的皇帝——杀掉唐中宗，让自己的儿子即位……然后，自己就能像武则天一样，身为女人而号令天下了。

一切都按韦皇后的计划进行：皇帝突然驾崩，韦皇后的亲生儿子李重茂继位。韦皇后秘不发丧，同时调集了五万兵力到长安，由韦氏一族指挥。后宫人员也由韦氏党羽担任。

“噢，我也成韦氏派的人了……”安生抚摩着下巴，怅然若失。

安生心想：自己似乎不曾受过韦皇后的恩惠。能进中尚署，是因为师傅的推荐。其实，他也并不愿意在宫内就职。然而，无论安生想法如何，身在宫内的少府监官吏难免还是会被视为韦氏党羽。

韦皇后想成为第二个武则天，但她只有权力欲，而缺乏武则天那样的政治才能。她以为只要调集军队，交由韦氏党羽指挥就万事大吉。其实哪有这么简单。毫无资历的人空降到军队当将领，必定会引起军中下级将士的不满。韦皇后的做法很不得人心。

相王李旦是唐高宗的第八个儿子，其母正是武则天。李旦本来继承了皇位，但后来母亲武则天将他废掉，改国号为“周”，自己当了皇帝。李旦有个儿子名叫李隆基，是年二十六岁，年轻有为，精力充沛——他就是后来的唐玄宗皇帝。年轻的李隆基，一直在等待肃清韦氏一族的机会。

李隆基知道军队不服韦皇后，于是暗中联络兵部侍郎崔日用，与葛福顺、陈玄礼等主要将领密谋兵变。

兵变定于六月庚子之日，也就是唐中宗去世的第十八天，李重茂即位的第十三天。

当时，羽林军驻扎在宫城北门玄武门，羽林军的统领是韦氏党羽韦璿、韦播。

李隆基——就叫唐玄宗也无妨吧——年轻的唐玄宗一声令下，青年将领葛福顺杀入羽林营，砍死了韦璿、韦播。营中将士们毫不抵抗，可见韦氏一族早已声名狼藉、失尽人心。

“韦皇后毒死了先帝，危害国家！今晚，要把韦氏一族全部杀掉！比马鞭高的，一律斩首！”葛福顺大声喊道。羽林营的将士们一起欢呼起来。接着，葛福顺又说道：“我们要拥立相王，安定天下！若有怀抱二心、助纣为虐者，株连三族！”

将士们齐声连呼：“万岁！”

当时，人们骑马时使用长约八十厘米的马鞭。“比马鞭高的，一律斩首！”意思是说，除了婴幼儿之外，其他人全都要杀掉。

“宫城里的官吏，全都是韦氏逆党。只要发现的，格杀勿论！宫女全都抓起来！”葛福顺话音未落，将士们又爆发出一阵欢呼声。

韦皇后慌忙逃进了飞骑营，结果却被营中的士兵砍掉了脑袋。宫城内，四处逃命的韦氏一族也陆续被抓住砍死了。

唐玄宗坐镇禁苑，聆听来自宫城的汇报——大多是在某处杀死了某某。韦氏一族中主要人物的头颅，陆陆续续地被送了过来。

听着部下的汇报，唐玄宗觉得颇为蹊跷：“这些韦氏的主要人物，好像都是在不约而同地往东边逃跑时被杀死的……”但他一时也想不通为什么会这样。

“紫云阁旁边的小佛堂里，躲着几个韦氏的人，四男二女。男的杀了，头颅在此；女的抓起来了。”

“我们在紫云阁旁边的小佛堂附近杀死了韦皇后的外甥。”

…………

唐玄宗接二连三地收到这样的汇报。于是，他站起身来，下令道：“去搜一下那间小佛堂。说不定有通往宫城外的秘密通道。”

不久，部下回报：“那间小佛堂，我们到处搜遍了，就是没找到秘密通道的入口。”

“这样啊……”唐玄宗抱着胳膊沉吟道。

几年前有传闻说，韦氏一族为防万一，让囚犯们修凿秘密通道，完工后还把他们全部杀死灭口。唐玄宗暗中调查过，知道十有八九确有其事。然而，秘密通道的入口在哪里，出口又在哪里，他却不得而知。

“唉，也罢。韦氏一族的主要人物已全部落网，且都身首异处……好像没有从秘密通道逃出去的。”唐玄宗抱着胳膊，心里暗自嘀咕着。

5

安生拼命地逃跑。

唐玄宗兵变是天黑后开始的。阴历六月正值盛夏，天气炎热，安生脱掉了上半身的衣服，造反的士兵们也有很多光着膀子。安生想趁机混在士兵之中逃出险境。

“把官吏全部杀掉！”士兵们纷纷叫嚷着。

“我真是倒大霉了……”

从九品下的官位极其卑微，安生并没有从中捞到任何好处。如果是享尽荣华富贵，被杀倒也值了；但因为这么个穷酸的芝麻官而被杀，实在是不甘心。

“怎么能就这样死掉呢？无论如何，也得活下去！”安生喃喃自语地说道。

这时，造反的士兵们纷纷点起火把。宫城内逐渐被照亮起来。看来，想趁黑逃脱也并非易事。

在宫城西边，掖庭宫近旁的承庆殿后面，是少府监的仓库。这仓库平日用来存放绘画颜料、塑像工具之属，并没什么贵重物品，所以没有上锁。安生平时经常到仓库拿东西，对仓库的内部构造了如指掌。

此刻，安生就想到了这么一个藏身之处。

“咦，里面有人？”

一走进仓库，安生就感觉到里面好像有人，并从隐约嗅到的香味中，猜到对方是个女人。无论如何，这人应该也是为了逃避追捕才躲到仓库里的。

“同命之人啊……”安生把对方视为同伴——同生共死的同伴。

对方似乎也发现了有人进来，呼吸有些慌乱。安生想让对方安心，就低声说道：“我是在中尚署做事的，对这仓库很熟悉……你是宫女吧？”

“可以点灯吗？”对方的回答有些出人意料。声音很清脆。

“在这里点灯的话，光会透到外面。不过，这仓库里面有个隔间，而且没有窗，在里面点蜡烛就不怕被人发现。”安生回答道。他心想：对方大概是怕黑吧。像安生这样熟悉仓库内部环境的人另当别论，如果是第一次进到这黑漆漆的仓库里，当然会觉得很害怕。

“那去里间吧。”那女子小声说道。

这里是外间，有采光的窗户。也许是仓库外有人点亮火把，透进光来的缘故，刚才还一片漆黑，此时也能隐约看见一些轮廓了——一只白皙的手向安生伸来。安生握住这只手，感到一阵冰凉。手指很纤细。

安生牵着那女子的手，绕过隔板，来到了里间。里面密封得很好，伸手不见五指，微弱的烛光是不会透到仓库外的。

“我这里有蜡烛和打火石。用这个点火吧。”那女子说道。她的另一只手里拿着蜡烛和打火石。

不知道这女子是从哪儿逃到这里的。在仓皇逃跑之际也不忘带上蜡烛和打火石，可见她有多么怕黑了。安生摸索着点蜡烛。

蜡烛点亮了。

“啊……”安生举起蜡烛时，情不自禁地喊出声来——那女子美得不可方物。安生的心扑通直跳，胸膛几乎要迸裂开来——莫非，这就是师傅所说的“心动”的感觉吗？安生咽了一口唾沫。

“你叫什么名字呢？”那女子问道。

“我叫安生。”

传说，就是在这个仓库里，安生和这位女子发生了一段匪夷所思的传奇故事。

当时的情形可谓十万火急，而这女子竟然褪去衣裳，抱住安生。这实在不可理喻。安生慌乱之中欲拒绝，却听那女子道：“如果不这么做，恐怕我们都要死在这里了。”

借着微弱的烛光，安生看到了女子身上的文身。

6

在古代中国的某些地区，文身被视为野蛮的习俗，跟普通人没什么关系。比如，在黄河中下游地区，即所谓的“中原”，只有囚犯的身上才会被刺字或图案，以起到辨认或警诫的效果，这在古代被称为黥刑。而在江苏、浙江及其以南的沿海地区，尤其是以渔业为生的人则有文身的习俗。他们文身是为了驱邪——传说，在水中遇到可怕的妖怪时，文身可保护自己免受其害。地处中原的长安一带，文身自然相当罕见，特别是在与囚犯毫不相干的宫城内，应该是见不到有人文身的。

那女子的后背上，文着一大片山水楼阁，臀部则文着弥勒佛……

“我后背上其实是宫殿的局部景观图。”她轻声细语地说道。

安生恍然大悟，他首先辨认出池塘。池塘旁边是咸池殿，南边是淑景殿，北边有景福台，还有望云亭。一排排守夜卫士宿舍所在的千步廊，穿过女子腋下。这就是宫城北部的景观图。这块原本横向的地区，现在纵向文在了狭长的后背上。

女子便将自己的故事说给安生听。

“武则天去世的时候，一百多名宫女被传唤到甘露殿。这次被传唤来的，都是皮肤白净、身体健康的宫女。”

从这一百多名宫女当中，最后选出了一名宫女——就是她。然后，她的背部被文上了景观图，在某处被植入了朱砂。这种痛苦无法形容。她起初并不知道为什么。之后，她被关在宫城东北角的小佛堂里。从那时开始，她就不必再做其他杂务了。虽然是禁闭室，但里面有三个房间，空间倒不算狭小。一开始时，她并没有感到行动受拘束，而且有吃有住，倒也自得其乐。但时间一长，她也不禁感到奇怪。

“为什么不能放我出去呢？”她问看守的老女仆。

“因为你是很重要的人。”老女仆回答。

但到底为什么重要呢？不管怎么追问，对方就是不肯说，只是一个劲儿地摇头。

半年后的一天，那个老女仆突然说要辞职返乡——似乎不是因为年纪大了，而是另有原因。

俗话说：人之将死，其言也善。

老女仆似乎知道自己命不久矣，便告诉宫女：“如果你和男人交合，背后某个地方就会出现红点，那里就是逃往宫城外的地道入口。除了韦皇后之外，只有个别人知道这件事。”这位老女仆之所以会知道，是因为她曾当过韦氏一族某高官的儿子的乳母。万一发生紧急情况，她可以抱着婴儿逃跑。

几个月后，接替老女仆看守任务的新宫女带来一个噩耗：那个老女仆暴毙了。

一个活生生的人，在宫廷阴谋与权力倾轧间，变成了一张图纸。韦氏一族为了给自己留后路，竟然就这样牺牲一个女人的一生！因此，文身女子一直期盼着动乱早日到来。

女子叙述之间，已与安生合而为一。在她背上，望云亭和景福台之间放置木炭的棚屋变成了红色。

地道既已找到，两人放火烧掉仓库，趁着兵变的将士们被大火吸引的时机，安生背起女子跑向木炭棚屋。

“找到了！找到了！”女子先看见了入口。

入口处摆放着一尊大弥勒佛像——这是安生的师傅文远之的塑像

作品，佛像的左手和右膝有破损，需要修补。安生是因为看见这佛像摆在棚屋里，觉得奇怪，才把它移开。移开之后，就发现了地道入口。

后来，安生回到了故乡山西。

据说，在故乡山西，安生和美貌的妻子一起过着和睦美满的生活。

又据说，五台山文殊院内那尊建造于唐玄宗时期的文殊菩萨像就是出自安生之手。僧人法云和安生诚心祈求文殊菩萨现身。精诚所至，文殊菩萨终于现身，安生和法云将其姿态记于脑海中，并最终塑出这文殊菩萨像。法云所见的文殊菩萨是什么样的，不得而知；不过，安生所见到的文殊菩萨，一定是和那文身女子一模一样吧。

据《景德传灯录》[1]记载：慧能大师在国恩寺建造报恩塔时，弟子方辩曾为其塑像。慧能看了塑像之后，摇头说道："你的塑像技巧虽然高超，却缺少佛性，太可惜了……"方辩，就是文远之的弟子郭玄出家之后的法名。

唐代传奇《游仙窟》的作者张鷟所著的另外一部笔记小说集《朝野佥载》，其中有一篇这么写道："景龙年间，瀛洲献上一女子。女子身上隐约可见佛塔、寺庙、佛像等各种图案……"另外还有一种说法：瀛洲献上的，并非女子，而是文身师。

也许是性情气质遗传的缘故吧，这位张鷟的孙子就是唐代传奇作家张荐，而张荐的孙子，正是写下法喜寺白龙逸事的张读。这一家族的编故事才能，似乎是祖孙隔代相传的。

[1]《景德传灯录》：宋真宗年间（997～1022年）释道原所撰，为禅宗灯史。

杨贵妃观灞水

平卢节度使的管辖区域是营州，即今河北省昌黎一带，距离辽宁省边界的山海关很近。

范阳节度使的管辖区域是幽州，即现在的北京地区。

河东节度使的管辖区域是山西省太原府，这里是唐王朝的发祥之地，和京兆府（长安一带）、河南府（洛阳一带）一样被设为“府”，并受到同等的特殊待遇[1]。

据说，在兵力方面，平卢约有四万，范阳约有九万，河东约有五万五千。

在河北至山西这片与奚族、契丹族对峙的土地上，安禄山拥有独裁的军政大权，成了独霸一方的实权者。尽管如此，宰相李林甫并不担心，他觉得安禄山不会成为自己的政敌。

“安禄山不过是个出身卑贱的蕃人，不足为惧……”

有一次，安禄山进京谒见皇帝，说道：“微臣想当贵妃的干儿子。”安禄山比杨贵妃年长十四岁，竟然说想当杨贵妃的干儿子，任谁听来都会想当然地认为这是说着玩儿的。

杨贵妃笑道：“我的干儿子那定然还很小，得用襁褓裹着才行……自然，也不会走路。我想看看是什么样的。”

“遵命。”

安禄山退下后，随即坐在一个大篮子里出场了。他长得肥壮，据史料的说法，甚至重达三百三十来斤，所以要好几名宦官才抬得动。安禄山仰面躺在篮子里，手脚乱动，就像一个婴儿似的。仔细一看，他身上还裹着像襁褓一样的东西呢。

“来，让我这当妈的给你换襁褓吧！”杨贵妃说道。

[1] 唐玄宗开元元年（713年）设置府，这是“府”作为行政区划的开始。

躺在篮子里的安禄山便立刻作婴儿大哭状：“哇——哇——”

“哈哈哈……”唐玄宗坐在御座上大笑起来。

对于单调的宫廷生活而言，这种节目无疑是一种很好的调剂。

宫里的人都这样评价安禄山：“真是个可爱的大胖子。”

当然，安禄山并不仅仅是个小丑。他可是率兵打败了奚族和契丹族的军事统帅。

其实奚族和契丹族并没有入侵大唐国境，而是安禄山主动进攻的——他想利用在边境的军事胜利来提高自己的威望。

——摘自《小说十八史略》第五卷《宠妃权臣》

1

开元二十二年（734 年），十五岁的杨玉环被寿王召进后宫。

寿王是唐玄宗皇帝的第十八个儿子，名为李瑁，是玄宗最宠爱的武惠妃所生。当时，身为皇太子的李瑛并非嫡子，在这一点上与寿王李瑁没什么两样。而且，太子生母早已失宠[1]。于是，“另立皇太子”的传言便甚嚣尘上起来。如果皇太子李瑛被废，那么毫无疑问，取而代之的肯定是李瑁。正是这位寿王李瑁看上了玉环。

玉环不知道自己是在何时何地、如何被寿王看上的。在进宫之前，她甚至都不知道对方长什么样。

长安城的规划布局像棋盘一样井然有序，分为东、西二市，每市划分为五十五坊[2]。除此之外，还有两块没有坊名的区域——朱雀门东第五街的南端和北端。南端为皇家园林芙蓉园，北端是名为“十六宅”[3]的皇族居住区。

这十六宅原本是名为“十王宅”的府邸，后来增加了六王，从此就被称为“十六宅”，成了地名。“王”是指皇帝的兄弟和儿子。皇

[1] 太子李瑛的生母为赵丽妃，于开元十四年（726 年）过世，过世前便已失宠。

[2] 关于唐时长安城“里坊”的具体数目，历来说法不一，或云一百一十坊，或云一百零八坊、一百零九坊。以朱雀街为中心，分为东、西二市，每市五十五坊，根据当时需要或有增减。此处“五十五坊”应系各市的坊数。

[3] 十六宅：唐玄宗开元十三年（725 年），于安国寺东修缮大宅，分十院，号为“十王宅”；后又有六王就封，居于宅内，故此有了“十六宅”的称谓。事实上，玄宗朝共册封十九王，“十六宅”是约定俗成的说法。

帝的孙子们长大后所住的“百孙院”[1]也在这一区域。

寿王的府邸当然也在十六宅。在这里，各王府都有四百多名仆人以供差遣，规模之大，与杨家不可同日而语。

“我这算是出人头地了吗？”玉环想。

夫君寿王比她小一岁，只有十四岁。他整日沉迷于斗鸡游戏，甚至把木头雕的假鸡互相撞击。不过，关于男女之事，他却早已精通。闺房之中的寿王并没这么单纯可爱。

这样一个少年，居然要四百多个人伺候，真是不可思议。皇上大概也不过如此吧。

渐渐地，玉环悟出了一个道理：“如果常侍身边，尤其是同床共枕，即便对方身份再尊贵，其实私下里也不过是个有七情六欲的常人而已。”就拿现今皇上来说吧，据说，他在常年陪侍的宦官高力士面前就经常抬不起头来。这样的坊间传闻，玉环还是很能理解的。

在寿王府邸中，除了一名从三品的傅掌管全盘外，还有录事参军、长史、友、侍读……仅朝廷派遣的各级官吏就有好几十人。他们全都异常兴奋，既满怀期待，又焦虑不安。被废的王皇后已过世多年，眼下皇后之位还空缺着。寿王母武惠妃之所以未能擢升为后，是因为她出身于曾经篡夺李唐政权的武则天一族，众人反对，所以唐玄宗才作罢。不过，皇上还是给予她等同于皇后的待遇。武惠妃表面上虽无不满，背地里却为改立寿王为皇太子而出谋划策。这件事，寿王府里无人不晓。

如果主公成为皇太子并继承大统，那这些侍奉左右之人就会成为

[1] 百孙院：唐玄宗为众孙建立的住所。《旧唐书·凉王璿传》载：“外诸孙成长，又于十王宅外置百孙院。”

大唐皇帝的近臣。甚至有人公然宣称："我们很快就要搬走啦。"他们已经笃定：寿王会被立为太子，迁往东宫将是不日之事。

对于如此放肆的言论，却没有人规劝。寿王府里的人，个个都像即将上阵出战的武士似的，处于一种亢奋状态。

玉环登上楼阁，向东而望，祈祷道："以后还请神灵保佑！"这楼阁是府中最高的建筑物，登临其顶，就能看见那条像白练一样的灞水。

玉环从楼阁下来，经过走廊时，听见旁边的屋子里人声喧哗，是府里的傅和长史等大小官员正在商议着什么。

"那女子琵琶弹得特别好，歌声也很美。"

"难怪武惠妃会看上她呢！"

"如果有机会出现在宫廷宴席上的话，皇上应该会喜欢她的。眼下最关键的是要让她讨得皇上的欢心……"

玉环时常经过这条走廊，他们当然是知道的，但他们并没有压低嗓门儿，反而肆无忌惮地大声讨论。毕竟，"那女子"玉环在这些人眼中不过是工具——立寿王为皇太子的有力武器而已。直到此时，玉环才终于知道：其实是武惠妃相中了自己。而选择自己的唯一基准，就是能否讨得皇上的欢心。

翌年，册封使来到寿王府邸，正式承认杨玉环为寿王妃。[1] 这位册封使，就是后来的宰相李林甫。

2

开元二十五年（737 年），武惠妃去世了。深爱着她的唐玄宗非

[1] 史书记载杨玉环于开元二十三年（735 年）被册封为妃，一般认为杨玉环是以寿王妃之身份嫁与寿王的。

常伤心，以皇后之礼厚葬了这位贵妃[1]。从那以后，玄宗一直怏怏不乐。

为了让皇上振作起来，近臣们操碎了心，想尽各种办法。例如，频繁举行斗鸡活动。斗鸡会结束后，唐玄宗像往常一样，在宦官高力士的陪同下退场。

上銮舆前，唐玄宗停下脚步，问道："寿王妃叫什么名字？"他还不知道儿媳妇的名字。这也难怪，毕竟寿王只是他的第十八个儿子。儿子太多，儿媳妇的名字自然无法一一记住。而且，有被称为"宫廷百科活字典"的高力士陪侍在侧，细小琐事一问即知。

"她名叫玉环。"高力士马上回答道。

"她父亲呢？"

"她父亲前几年去世了，生前只是个小官。"

"给寿王许配别的王妃吧。"唐玄宗这话的意思是再明白不过了——要把寿王的这位妃子占为己有。

"这事办起来，有点儿烦琐。"高力士说道。

"太烦琐可不行哟。"

"是。不过，考虑到她毕竟是皇子的王妃……"

"高宗皇帝不也把太宗后宫的妃嫔纳为己有了吗？"唐玄宗说道。唐玄宗的祖父唐高宗，在其父唐太宗去世后，让后宫中因此而出家为尼的武才人还俗[2]，并最终立其为皇后，也就是后来的武则天。

"武后是先入佛道，断绝尘缘之后再次进宫的。"

"那我们也沿用这种做法？"

---

[1] 武惠妃去世后，唐玄宗追赠其为皇后，谥贞顺。据《旧唐书·列传一》所载"时庆王琮等请制齐衰之服，有司请以忌日废务，上皆不许之"可知，其丧仪并未达到皇后的规格。

[2] 据史料记载，当时后宫无子女的妃嫔在皇帝驾崩后要入长安感业寺为尼。

“这样就没意思了。”

“那怎么办呢？”

“前人既为尼僧，那我们就为女冠如何……”“女冠”即道姑（女道士）。当时，唐玄宗正倾心于道教，对其热情尤甚于佛教。

“噢，女冠呀。这主意挺好。这样就不必削发了吧？”

“遵命。”高力士不动声色地为皇上出谋划策，脸上没有任何表情，仿佛戴着面具一般，让人联想到深渊。

“朕想要的，是既能陪我观赏斗鸡，又能歌善舞的女人。梅妃虽好，却老是说怕看见鸡血。”皇上叹道。梅妃是福建某医师的女儿，姓江，名采萍，容貌姣好，而且受过良好的教育。武惠妃去世后，在后宫众多嫔妃之中，唐玄宗就独宠她一人。梅妃擅长作诗绘画，诗画常以梅花为题材，所以唐玄宗便赐以“梅妃”之名[1]。美中不足的是，她不喜欢观赏斗鸡。

“十全十美的女人，可不太好找。”

“给我继续找呀，不要轻言放弃。找一个既能陪我吟诗作赋，又能陪我观赏斗鸡的女人。”皇帝的专制大权，或许就是因此而存在的。如果连这一点愿望也无法满足，那么当皇帝岂不是毫无意义？不能放弃。

“奴婢认为：与其耗费精力去寻找，不如多花些时日将女童培养成这样一个十全十美的女人。”

“哈哈哈，你倒是有耐心啊！今天所见到的寿王妃，也许就是个十全十美的女人呢！”

[1] 关于梅妃历史上是否确有其人，学术界说法不一。正史《旧唐书》《新唐书》及《资治通鉴》均不载，而其事迹最早见于五代《开元天宝遗事》，《梅妃传》据鲁迅等学者考证为宋人作品，因此有一观点认为梅妃为杜撰的艺术形象。也有一派观点认为梅妃确有其人，此外还有暗指说。

高力士避而不答，说道：“梅妃身边有个福建出身的小丫鬟，名叫‘十八娘’，既有美貌，又有才情。虽然还是小女孩，但也很不错呀……”

“莫非你真的想擅自做主去培养一个小女孩？”

“奴婢并没有擅自做主的意思，只是想完全遵从陛下的心意，尽力效劳。”高力士是阉童——小时候就被阉割而后成为宦官。与那些获罪而被处以宫刑的囚犯不同，他从来没有过作为男人的体验，所以无法描绘出理想的女人是什么样子，只能完全遵从皇上的心意，以皇上的审美观来看待事物。除此以外，别无他法。

“好吧。”唐玄宗被高力士的热忱打动了，连连点头，说道，“如果寿王妃不行，那个什么‘十八娘’的事就交给你去办吧。”

3

寿王府的人因武惠妃之死而深受打击，以傅为首的主要人物皆面无血色——正因为满怀期待，所以期待落空时才会格外失望。

武惠妃为了把亲生儿子寿王立为皇太子，筹备工作进行得很顺利：原来的皇太子李瑛被废，且已被赐死，等于清除了一大障碍[1]。皇太子之位空缺着，接下来当然就是立寿王为太子了。然而，就在这节骨眼儿上，她突然死掉了。有传言说：武惠妃设计陷害前太子，故而李瑛的冤魂作祟，把她吓死了。

---

[1] 开元二十五年（737 年），武惠妃以宫禁有贼为由召唤太子李瑛、鄂王李瑶、光王李琚三兄弟披甲入宫，当其入宫时，武惠妃又对玄宗说三兄弟兵变，已经杀入宫内，玄宗大怒，立刻将三兄弟逮捕，废为庶人并赐死。史称“三庶人”事件。

武惠妃死后，就再也没有人向皇上提议立寿王为太子了。因为寿王并无真才实学，无法得到皇上的赏识。为人谦虚好学的忠王李玙[1]成了皇太子——这是皇上本人的主意，而非其他人的计谋。忠王的生母杨氏早已去世。皇上对于忠王的才干十分赏识。立忠王为皇太子，谁都会认为这是公正的选择——当然，寿王府的人除外。

宣布立忠王为皇太子的那一天，寿王府里的气氛像举行葬礼一般凝重，每个人都唉声叹气，甚至比得知武惠妃死讯时还要悲伤。当时，至少还保留着一线希望：皇上为了纪念武惠妃，说不定会立寿王为皇太子吧。而现在忠王成了皇太子，他们的希望也就破灭了。

大势已去。

寿王府里的高官，大半是由朝廷任命的，包括寿王的心腹。这些势利之人开始另找门路，希望离开寿王府，调到更有前途的职位上去。他们甚至在府里肆无忌惮地谈论这样的话题。继续留在夺嫡失败的寿王身边，确实没有任何益处。弄不好的话，还会摊上“不满之徒”“造反派”之类的嫌疑。虽然他们是被朝廷派来侍奉寿王的，但如今连恪尽职守也成了危险之事。

精明的人四处钻营，笨拙的人则惶恐不安。

玉环冷冷地看着这一切，没有任何感慨。正因如此，她反而能把人心渐冷的过程看得分明。当初进入寿王府时，她就经历过周围人的态度转变，现在又经历一次。由此清晰地窥见了世态炎凉的真谛。

这时，圣旨传来，命玉环入道观（道教的寺院）修行。这更是给了动荡的寿王府以沉重的打击。对于寿王府的人来说，这是致命一击。

---

[1] 李玙：即后来的肃宗李亨。初名李嗣升，又名李浚、李绍，唐玄宗李隆基第三子，唐朝第七位皇帝，至德元年（756 年）至宝应元年（762 年）在位。

连最后一丝希望也破灭了。

他们原本还抱有期待：虽然忠王当上了太子，但世事难料，说不定随时会因为某种理由而被废掉——前太子李瑛就是在没有任何过失的情况下被废掉的。如果忠王有什么不测，那么失败者寿王就会迎来转机。

然而，现在连这样的最后一丝希望也被扼杀掉了。

一听说玉环入道观，无论谁都会马上联想到武后当尼姑之事。只要在宫廷里做事的人，都明白这样的决定背后有什么内幕——皇上看中了这寿王妃，要将其占为己有。

这下，即使忠王有什么不测，皇太子的继任者也轮不到寿王了——总不能让皇上爱妃（玉环）的原配偶来当皇太子吧。毕竟还有其他众多皇子可选呢。

当最后一丝希望破灭时，寿王府里的人呈现出各种反应——玉环都一一看在眼里，记在心上。

“该来的终于还是来了。”玉环小声道。

离开寿王府那天，她登上楼阁，面对着灞水，祈求道：“就这样吧，以后不必为我实现什么愿望了。”因为她渐渐觉得有些害怕了。

4

玉环成为道姑，被赐道号“太真”。她身着道服陪同皇上前往骊山华清宫。

一日，皇上的命令传来，让她在温泉沐浴。按照宫廷规矩，皇上当晚临幸哪位宫女，就会对其下此命令。当然，玉环也知道这是什么意思。

春寒赐浴华清池，温泉水滑洗凝脂。

侍儿扶起娇无力，始是新承恩泽时。

在《长恨歌》中，白居易这样描写玉环出浴之美态。

沐浴后，玉环在左右侍女的搀扶下，穿过长长的走廊。在石阶前，她忽然感到头昏眼花，不禁打了个踉跄。侍女连忙抓住她的胳膊。饶是玉环胆气过人，此时也觉得颇为紧张。低头行走的她只能看见脚下的几级台阶。然而，这阶梯却像是无限延伸的登天之路。一想到前面是高不可攀的顶点，她不禁感到头昏眼花。

“既然已经来到这里，那就只能继续往上爬。没有退路。”玉环激励着自己，一步一步地爬上石阶。

在仙乐声中，玉环被迎进一间大厅。她低着头，眼睛半闭，肩膀轻轻摇晃着，但不是因为害怕而发抖，她变得出奇地冷静。以前身为寿王妃时，便已适应了宫廷氛围。并且，她还有一项特殊的本领——能不带感情地去应对事情。她所考虑的，只有被皇上召来这一事实本身。而随之而来的无休止的叹息、情感及欲念等，都被她滤掉了。所以，她并没有感觉到恐惧。

闺房中的皇上，给人这样一种感觉：他对任何事情都疲惫不堪，只有面对女人的身体时，才能激发出仅有的些许兴趣。

玉环心想：这个人唯一的精神寄托就是女人的身体，除此之外，别无他求。

在那一瞬间，她明白了：自己的命运，并非被人征服，而是要去征服别人。

“今天，迎接你到来的那首乐曲，是我为你新作的，名为《霓裳羽衣曲》。”皇上说道。

玉环犹豫了片刻。

唐玄宗皇帝向来以喜好音乐而闻名。他扩充了教坊（宫廷乐团），让数千名艺人学习音乐，并从中选拔出高手，组成梨园[1]，对其实行精英教育。可是，今天在大厅演奏的那首乐曲，分明不是皇上所作，而是从西域流传过来的《婆罗门曲》呀！

"在《婆罗门曲》上加以击琴，就成了《霓裳羽衣曲》[2]吗？"玉环大胆地问道。这首乐曲，只是在胡曲《婆罗门曲》的基础上用击琴增加了一些变化。

"果然瞒不过你啊，哈哈哈……"皇上发出了爽朗的笑声。他心想：这女人竟敢拂逆朕意，不过这样倒也刺激，有点意思。

两人开始围绕音乐聊天。唐玄宗很快就看出玉环对音乐有很深的造诣。他听说过玉环擅长弹琵琶，就要求她演奏一曲。果然，玉环的琵琶技艺十分高超，梨园弟子当中也鲜有匹敌者。

第二天一早，唐玄宗就对高力士说："不必再花费时间去培养什么十八娘啦。"

天宝三载（744年），杨玉环奉召入宫。翌年八月，被封为贵妃。时年二十六岁。寿王那边，则另许配了韦昭训的女儿给他。

"我觉得就像在做梦一样。"当被问及此时的感受时，玉环回答道。

"不能一直茫然地做梦呀，你还要应付各种状况呢……"宦官高力士的话里隐含着忠告。

---

[1] 梨园：唐代训练乐工的机构。《新唐书·礼乐志》载："玄宗既知音律，又酷爱法曲，选坐部伎子弟三百，教于梨园。"坐部伎为唐代宫廷乐舞的两大类别之一，另一种是立部伎。

[2] 关于《霓裳羽衣曲》，历史上有三种说法：1. 据《杨太真外传》载，唐玄宗登洛阳三乡驿，望女儿山而作；2. 据《唐会要》载，天宝十三载，唐玄宗以太常刻石方式，改编西域《婆罗门曲》而成；3. 折中前两种说法。

其实，不需高力士提醒，玉环也知道：光凭做梦是不可能登上通天之路的。

据她所见，这位高力士深得玄宗信任。皇帝只要看见高力士在身边，脸上就会流露出安心的神色。与之相比，宰相李林甫则给人一种钻营奔竞的感觉。李林甫是唐高祖堂弟长平肃王李叔良的曾孙，勉强算得上是皇室宗亲。然而，身为贵胄的他却胸无大志，一心只想着玩弄各种权术，陷害政敌，世人谓之“口蜜腹剑”。如果是青壮年时期的唐玄宗，定会一早就撤掉李林甫的宰相之职；但此时，他已经老了，对政治逐渐厌倦，所以李林甫才得以担任宰相十九年。

高力士生得眉清目秀，外形俊朗。他比唐玄宗大一岁，已过花甲之年，但看上去要比疲态尽显的皇帝年轻许多。他行走时，总是昂首挺胸，腰板笔直。说来也颇为讽刺——这个从没做过男人的高力士，反而是皇上近侍中最有男子汉气概的。除了没有胡须这一宦官的特点外，其他方面都比宰相李林甫更有威严。李林甫则正好相反——只有飘飘长须勉强维持着宰相的模样儿，其他言行举止还不如一个宦官。

玉环看出来了：在宫里，只有高力士可以依靠。

“请贵妃多为自己考虑，其他事情则不必多虑。如有需要，随时可找奴婢商议。当然，仅限于贵妃自己的事。”高力士曾多次说起这番话。玉环每次听了，都越发觉得他稳重可靠。

5

“贵妃如果想保住自己，就只能请皇上舍弃梅妃，别无他法。前不久梅妃也曾让奴婢出主意，问自己现在该怎么办，微臣回答说：‘只能请皇上舍弃贵妃，除此之外，没有别的出路。’”高力士对玉环说道。

他并不是故作惊人之语，态度上也没有丝毫挖苦之意。

“那你站在哪一边呢？”玉环问道。

“哪一边也不站。伺候皇上是奴婢的职责，仅此而已。”

“那么，如果为皇上设身处地地考虑，你希望哪一方获胜呢？”

“若为皇上着想，最理想的当然是两位能和睦相处。但这是不可能的。”梅妃的素雅和文思才情，杨贵妃的浓华和音乐天赋，如果可以兼得，那当然是再好不过。然而，一山不容二虎。高力士的话显得十分沉重，连他自己也感到不堪重负。

玉环换了一种问法：“那你觉得哪一方能获胜呢？”

“您——贵妃。”

“为什么呢？”

“因为梅贵妃缺乏灵活应变的能力。”

玉环渐渐有些看不懂高力士了：如果此时他对自己说出阿谀奉承之言，是很好理解的，但高力士并没有那样做。而且，他说的似乎是真心话，这就更让人捉摸不透了。

有一次，玉环坦率地对高力士说：“力士，你真是让人捉摸不透啊！”

高力士听了，轻轻地摇头，回答道：“奴婢是怎样一个人，贵妃没必要了解。正如我平时常说的那样，贵妃只需要考虑自己的事即可。”

玉环心想：高力士真是个可怕的人，但宫廷里的人更惧怕宰相李林甫，真奇怪。例如，平卢、范阳及河东三镇节度使安禄山来长安谒见时，在李林甫面前都低声下气，浑身哆嗦。安禄山是混血胡人，他的父亲可能是康姓胡人，母亲是突厥族人。他碧眼紫髯，体格肥胖、大腹便便。左摇右摆走路的样子看似颇为滑稽，但这安禄山可是胡旋舞高手。跳起胡旋舞时，他以一只脚为轴，像捻钻一样地团团旋转。其舞姿之轻盈，令人难以置信。

“安禄山这人真有意思。”玉环对高力士说道。

“确实挺有意思的。不过，他现在正沿着阶梯往上爬，无法后退了。”高力士面无表情地应道。

听了这话，玉环的心像被猛地撞击了一下——自己现在不也是正沿着阶梯往上爬，无法后退吗？想到这，她不由双肩颤抖。

“对了，皇上现在已经不去梅妃那里了吧？”高力士换了个话题。

“皇上是这么答应我的。”玉环回答道。和梅妃的争宠，显然胜负已分。

玉环已经沿着阶梯往上爬了好几级。她心想：安禄山的阶梯是什么样的呢？

节度使是地方的军政统帅，手握兵权，在地方扎根壮大，简直就像一个独立国王。

“贵妃的阶梯，充满了脂粉香味；而节度使的阶梯，是充满血腥味的。”高力士说道。他仿佛看透了玉环的心思。

在玉环成为贵妃那年，安禄山打败契丹，立下了赫赫战功。两年后兼任御史大夫，不久又被封为东平郡王。接下来就该是宰相之位了吧……现在，坐在宰相宝座上的，是安禄山所惧怕的李林甫。

“这并非是与贵妃毫不相干的事。”

关于宫廷争斗，高力士曾向玉环如此提议：如果平时多向他人施恩惠，或许将来能帮上自己的忙。特别是结成生死与共的关系，如遇不测，对方一定会豁出性命、鼎力相助的。

“为了别人而舍弃自己性命，这很难做到。但如果是为了自己活命，谁都会拼死一搏。”

“也许吧。”

“如果不保护贵妃的话，就会危及自身，还请贵妃多培养这样的人。”

“怎么个培养法呢？”

“起用您的娘家人。”

“可我娘家已经没什么人了呀！”

“杨家的亲戚总会有吧。”

“可是跟我没什么血缘关系呀。”

“有没有血缘关系无所谓，只要彼此结成生死与共的关系即可。”

“那就请你帮我去安排吧。”

不久，玉环就发现杨家人陆续当上了官，但她也并没为此而感到欣喜。

杨家的姐姐们则陆续当上了各国夫人——大姐嫁入崔家，成了韩国夫人；三姐嫁入裴家，成为虢国夫人；八姐嫁入柳家，成为秦国夫人。在玉环的记忆中，小时候整天被这些姐姐们欺负。然而现在，拜玉环所赐，她们都过上了做梦也不敢想的富贵生活。

甚至连已经去世的杨玄琰也被追封为齐国公。他生前是如此渴望功名利禄，而今一定会在黄泉下欣喜若狂吧。

杨氏一族中还有个人叫杨钊，相当于玉环的从兄，早年落魄潦倒，如今也因玉环得宠而鸡犬升天，爬了上来。他虽然做过许多荒唐事，但为人精明机敏，善于钻营，很快就崭露头角，并被任命为监察御史。

唐玄宗给杨钊赐名“国忠”。杨国忠仕途坦荡，飞黄腾达，很快就与宰相李林甫分庭抗礼。

“您大概觉得挺空虚的吧。”高力士看透了玉环的心思。

“确实挺空虚的。”

“沿着阶梯爬得越高，就会越发觉得寂寞而空虚。但即便如此，您也已经无法后退了。荣华富贵——这就是您的命。”

“也许是吧。”玉环暗地里却想：这就是我想要的生活吗？

只要许愿，灞水之神就会帮自己实现愿望。但如今好像不太灵验了。

6

后宫女人的生活总是千篇一律——争宠。

唐玄宗违背了跟玉环的约定，又偷偷跑去与梅妃幽会，结果却被玉环当场抓住。皇帝惊慌失措。从那以后，他就再也没有去探访过梅妃了。

在玉环面前，年逾六十的皇帝总是战战兢兢，生怕得罪了自己的贵妃。对于皇上来说，玉环已经成了生命中不可或缺的一部分。如果没有了玉环，他恐怕一天也活不下去。

为调剂单调的宫廷生活，玉环自己设计了各种游戏，力求使生活变得丰富多彩。例如，她认节度使安禄山为干儿子，让人给他裹上特大号襁褓，作婴儿状逗乐。安禄山其实比玉环年长十多岁，但为了献殷勤，他竟对着玉环嗲声嗲气地叫 “妈妈”。

玉环还能用音乐抚慰皇上的心灵，因为她本身就是音乐天才。让皇上感到精神振奋的，还有斗鸡。玉环也喜欢观赏斗鸡，但这是因为在斗鸡场可以见到青梅竹马的贾昌。

在玉环面前，贾昌总是毕恭毕敬的。但玉环仿佛总能听见他的心声。

有时候，贾昌似乎在问她：“今天你的脸色不太好呀，是不是身体不太舒服？”

有时候，贾昌又似乎在取笑她：“咦，今天你怎么满脸通红的，是喝多了吧……”

实际上，两人甚至没有说上一句话。但在玉环的想象中，他们却频繁地交谈，丝毫没有陌生感。

当然，玉环并不只是优哉游哉、恍惚终日。

她所攀爬的阶梯，只能容一个女人通过。对于有可能的插足者，必须毫不留情地一脚踢开。否则自己就会坠入深渊。

高力士曾对她说过：“您要多向宰相学习。”

宰相李林甫是这样做的：对于可能会成为自己对手的优秀人才，全都打压下去。其做法可谓绝妙。

例如，有的地方官因为政绩出色，受到皇上垂青，很可能被提拔到中央任职。这时，李林甫就会私下对那人说：“最近，朝廷会商讨关于提拔你的事。你最好先到京城来，那样比较有利……什么？衙门的政务就先别管了，假装生病不去就行。”

于是，那人就依言行事，告病休假，来到京城。

然而，当朝廷商讨提拔此人之事时，李林甫却谨慎地说道：“我听说此人因病缺勤，在京城疗养。既然体弱多病，不知是否可以胜任这一职务？”

皇上让手下调查，果然确有其事。“唉，可惜了。”于是，皇上就打消了提拔他的念头。

李林甫就是通过耍这种手段，阻止有才学的人来到皇上身边。

对于掌权者来说，最重要的就是握紧自己手中的权力。像李林甫这样没有能力却身居要职的人，更是如此。

皇上早已厌倦了政事，整日沉醉于游玩作乐。这可能也是他身边没有贤能之士的缘故吧。

皇上最热衷的，是培养梨园弟子。他把优秀的伶人集聚到梨园，实施精英教育，并称他们为“皇帝梨园弟子”。有时候，皇上会亲自检测他们平时的训练成果。当然，这种场合下，玉环也一定会陪同在场——梨园也是美女云集之地，不能让皇上一个人去。

有一天，在梨园观赏演出时，玉环发现皇上的视线一直落在一个美貌舞女的身上。过后，玉环偷偷唤来太乐署令（相当于宫廷音乐主管），打听那个舞伎的姓名。

“她名叫阿彩，是洛阳人。”太乐署令答道。

第二天，玉环在和皇上闲聊时，说道：“那个神鸡童，一直被大家叫作‘童’，也太可怜了吧！”

“哈哈，那小子呀，一直都稚气未脱。不过你这么一说，还真是，他年纪也不小了呀。”

“不如给他找个媳妇吧？”

“你有什么合适的人选吗？”

“我倒是看中了一个人。”

“那就交给你去安排吧。”

“皇上，梨园弟子也可以吗？”梨园直属于皇上，不能擅自从中挖人。

“没问题。”皇上批准了。

就这样，那个吸引皇上目光的梨园舞女阿彩成了神鸡童贾昌的妻子。

玉环听从高力士的建议，仿照宰相李林甫的做法，把对手清除掉了。而她最大的对手——梅妃已经被幽禁于上阳宫。当然，皇上也没有再去探访过她。

一日，梅妃的侍女十八娘倚栏而眺时，发出了少女的欢叫声：“啊，来自我家乡的贡使！”

大路上，运货马车行驶过来。车上插着五颜六色的旗子，上面写着“岭南贡使”“闽（即福建）晋安”等字样。

十八娘和主人梅妃一样都是福建人，老家在晋安。

十八娘把看见岭南贡使的消息告诉了梅妃。梅妃道：“说不定老家有人给你捎了口信呢。”就派仆人去问。十八娘家里有时会托驿使捎带书信给她。

那仆人却空手回来，向梅妃报告说：“那驿使车上运送的是献给杨贵妃的荔枝。”贵妃嗜啖荔枝，福建晋安的特产荔枝向来以味道绝佳而闻名，但要趁新鲜的时候吃。所以，荔枝一采摘下来，就立刻从福建快马加鞭、夜以继日地送往长安。

梅妃咬紧嘴唇，恨恨地骂了一句：“肥婢（肥胖的奴婢）！”然后就转身进寝室去了。

十八娘有些担心，走进梅妃的寝室查看，不料却突然挨了一记耳光——梅妃以前可从来没有打过丫鬟。

“你也是个肥婢！跟荔枝一个样，又软又胖！”梅妃骂完，就哭倒在地。

十八娘默默地走了出去。

从此，她再也没有回到梅妃所住的上阳宫。

7

皇上疲于理政，任由奸相李林甫专权近二十年。国力日衰，危机四伏。

李林甫死后，杨贵妃的从兄杨国忠坐上了宰相的宝座。他原本只是个市井之徒，却因精明机敏而飞黄腾达。

为了保住自己的地位，杨国忠和原来的李林甫一样，拼命打压对手——对于无能的宰相来说，这是唯一的保身之术。他最害怕的，是手握兵权的节度使，其中势力最大的当数安禄山。有传闻说，安禄山一直觊觎宰相之位。

“恕我直言，安禄山有谋反之意。”杨国忠曾多次禀奏皇上。

皇上却笑道：“那人腹中唯有赤诚之心。”不予理睬。

“那可以试一下召他进京来朝。他一定不会来的。这样，他的谋反意图就昭然若揭了。”杨国忠满怀信心地说道。

他是这么考虑的：无论安禄山有无谋反之心，贸然进京都是很危险的；何况安禄山在京城安插有线人，应当了解长安已经在杨氏一族的掌控下，所以，他应该是不会来的。

出乎意料的是，安禄山竟然来了！只见他跪在皇上御座前，痛哭流涕地说道：“臣遭杨国忠忌恨，不久将会死于他手。”

“什么话，不必担心。有我在呢！”皇上说道。

安禄山抬起头，仔细端详着玄宗的脸——此时的皇上已经年迈，政务全部交由宰相处理。虽然他说“有我在”，但他的权力还有多大、能持续多久呢？也许，早晚会沦为杨国忠的傀儡吧……

此时，安禄山心中做出了重大的决断：起兵造反！

天宝十四载（755 年），安禄山打着“清君侧”——铲除奸臣杨国忠的旗号，发动十五万大军造反，很快攻陷了东都洛阳，直逼长安而来。

翌年元旦，安禄山称帝，国号“大燕”。

六月八日，相当于长安屏障的潼关落入叛军之手[1]。朝中大将相继战死[2]。

守住京城长安已是毫无希望了。

六月十三日一早，皇上逃出长安，前往蜀地（四川）避难。

皇帝离京逃亡又称“蒙尘”。此次蒙尘，只有唐玄宗及其少数近臣在龙武军[3]的护卫下逃离。指挥龙武军的大将军是陈玄礼。

龙武军之中也收编了一些来自潼关的残兵败将。这些将士因为经历过惨烈的战斗，所以渐渐开始思考。

“为什么我们非得这样遭罪呢？”

“听说，安禄山本来不想叛变，是被宰相逼急了才起兵造反的。”

“听说，杨国忠得知安禄山起兵造反时，还面露喜色呢！”

“宰相和节度使争权，把我们给牵扯进来了。简直是荒唐！”

“现在放弃了京城，到底该怪谁呢？”

---

[1] 此处或有讹误。历史上，这次战役又被称为“灵宝之战”，于天宝十四载六月八日打响。翌日，潼关失陷，唐朝方面的守军将领哥舒翰投降安禄山。因此六月八日潼关还未失守。

[2] 唐朝方面的带兵将领在潼关损失确实较为惨重，但并不都是战死的，比如潼关守将高仙芝、封常清因玄宗听信谗言而被斩首，之后的将领哥舒翰在战败后投降安禄山。

[3] 龙武军：唐代有左右龙武军，与左右羽林军、左右神武军并称为北衙六军。所谓“北衙六军”即屯驻于宫城以北，以保卫皇帝和皇家为主要职责的皇帝私兵。

"安禄山固然可恨，但杨国忠也不可饶恕。"

"说到底，还不是因为皇上沉迷女色、不理朝政？"

行军路上，将士们一边逃命一边纷纷议论。因为粮草匮乏，他们越来越饥饿疲敝。队伍渐渐被一种骚乱不安的气氛所笼罩。

六月十四日，一行人途经马嵬驿。

这时，刚好有前往长安的吐蕃使节团经过。他们也正因缺粮少食而发愁。于是，他们挡在杨国忠马前，请求支援粮食。其实，这些吐蕃使者偶遇唐军、选择杨国忠作为谈判对象，只是因为看他是其中衣着打扮最高贵之人而已。

然而，这个杨国忠却是全军最恨之人。

"杨国忠和吐蕃人密谋叛变！"有一个士兵大声嚷道。

一瞬间，士兵们从四面八方围攻过来。

下一瞬间，杨国忠就已经被杀死，横尸地上。士兵们随即四散，去寻找下一个猎物。

生长繁茂的杂草丛中，鲜血缓缓流淌，一只蜥蜴穿行而过。

士兵们蜂拥而来，围住皇上及近侍的驻地。

杨国忠的儿子杨暄，玉环的姐姐——韩国夫人、秦国夫人都被当场砍杀。虢国夫人虽然当时逃掉了，后来也被迫自刎。

夏季的天空，无限高远，一片蔚蓝。鱼鳞状卷积云悠闲地飘浮在空中。

唐玄宗目不转睛地呆望着天上的云，但其实他什么也没看。此时，他已是惊慌失措：逃离京城时自己尚是至尊之身，而现在身边之人——宰相以及杨家显贵们竟在顷刻之间就被杀死了。

"请陛下说几句安抚士兵的话吧。"高力士说道，语气严厉得近乎命令。

皇上走到驿馆门口。高力士弯腰蹲在皇上脚边，像舞台幕后那些操纵木偶的人一般，小声地告诉皇上应该说些什么。皇上便依言向六军将士说道：“朕已经查实，杨国忠谋反确有其事，该当死罪。所以朕不会追究行刑者的责任。在此地发生的事，全都不予追究。朕希望各位将士能竭尽忠诚，共渡国难，重振帝业……此处是不祥之地，全军立即出发，离开此地！”

然而，皇上说完这番话后，六军将士却一动也不动。

“他们为什么不动？”皇上向蹲在脚边的高力士小声问道。

高力士蹲着回答道：“只要贵妃留在陛下身边，将士们就无法安心。”他们担心，杨贵妃随时会向皇上申诉，对此次兵变杀害杨氏一族之人进行惩处。一直以来，皇上对杨贵妃的话都是百依百顺的。以后也难保不会这样。

“六军将士若不肯前进……”皇上仰天叹道。

高力士接过话：“……那么，陛下的命数和大唐江山也就到此为止了。”

“朕自身的命数不足为惜，但若从此断送大唐江山，死后又有何面目去见列祖列宗？”皇上喃喃自语地说道。

“请皇上做决断……为保国家安宁，忍痛割爱。”高力士面不改色地说道。

“由你处置吧。”唐玄宗说完，踉踉跄跄地后退了两三步。

8

马嵬驿四周绿树环绕。

佛堂庭院内，茂密的草丛散发出一阵阵热气。一切都焕发着生机，欣欣向荣。

树龄尚浅的梨树树枝上，悬挂着一条鲜红色的绸带——这里就是杨玉环被赐死的地方。

树下有一张小椅子，椅子上坐着白衣素裹的玉环。

“需要我扶您起来吗？”高力士问道。佛堂庭院里，除了他俩，没有别人。

玉环摇了摇头。她感觉到：此刻自己坐着的这张朱漆小椅子，就是阶梯的最顶端了。她原以为自己脚下的阶梯会一直向前延伸，永远没有尽头……然而，最终还是走到了这一步。

“我觉得就像在做梦一样。”她小声地说着，仿佛在自言自语，“一直以来，我好像失去了自我。虽然过上了奢侈的生活，想说什么就说什么……可是，我觉得自己其实是被一股更强大的力量推着往前走……这股力量到底是什么呢？是佛法的力量吗？”

玉环看着头上的红绸带，慢慢站了起来。不可思议的是，她居然没掉眼泪。今天，她这样站在这里，这个结局一定是命中注定的——对于这点，她确信不疑。

“没错。贵妃是被佛法的伟力推着往前走的。”高力士回答道。

玉环从红绸带上移开视线，对高力士说道：“那我现在就去见我父母吧。”她心想：自己死后也许就能见到自己的亲生父母了。

“到时，请转告令尊：高力士已经尽力了。”

“我父亲？”

“奴婢年轻时就认识令尊杨玄琰了。令尊和奴婢曾在灞水边上有过约定……当时，您还是个天真的小女孩，第一次看见灞水这样的大河，所以看得入了神……您的美貌打动了我……突然，一个我此前从没有过的想法脱口而出。”

"你说了什么呢？"

"奴婢对令尊说：'既然你一心想出人头地，何不考虑一下你女儿——只要她有出息，你肯定就能沾光了。'令尊对我的话很感兴趣。"

"噢，难怪那时候……"

确实，从玉环看到灞水的时候开始，一切都改变了。杨家人全都对她客客气气，还给她请了音乐老师……这一切，原来都是高力士在背后指使的，为的是把她培养成会被皇上看中的女人。

玉环临死前，感觉到自己似乎发生了变化——突然变回真实的自己，变回曾经的那个单纯少女。

当初，玉环成为寿王妃，大概也是高力士一手策划的吧。

"不，这一切都是佛法的力量推动的。"高力士似乎是看穿了玉环的心思，提高嗓门儿说道。他的声音与周围寂静的气氛有些格格不入。

"我担心的是皇上……"玉环说道，"希望你能尽力去找到一个代替我抚慰皇上心灵的女人……"

玉环心想：并非我自命不凡，但我知道皇上一旦失去了我，肯定无一日安心。以后还是需要再找一个像我这样的女人。而再找一个这样的女人，就是曾经把自己推上云端的高力士的任务了。此刻，玉环想将此事托付给他。

"我明白了。"高力士没等玉环说完，便点了点头。

"莫非，你早已找到了代替我的人？"

"正是。"高力士直言不讳地回答道。

"我来猜一下这个人的名字吧。"

"您应该猜不到的。"

"是梅妃手下的十八娘？"

“是。”一直面无表情的高力士，此时也稍有了变化——明显有些脸红了。他根本想不到玉环竟然能猜对。

玉环也为自己一语中的而感到吃惊。其实，在刚才开口的瞬间之前，她从来就没把十八娘放在心上。玉环虽然曾在宫中见过几次这个少女，但一直都不以为意。

为什么此时会突然浮现在脑海里呢？

高力士从没做过男人，却用心打造出理想的女人。玉环知道：这个理想的女人就是自己，而且也只有自己才会意识到谁还可能变成同样的女人。

“那我就放心了。”玉环说道。这是她的真心话。她心里已经没什么牵挂了。第二个自己、第三个自己……也一定能被打造出来。

此时，她觉得很欣慰——马上就能见到亲生父母了。

她站到朱漆椅子上，心想：看见父母时，我应该怎么打招呼呢？

她脸上浮现出了微笑。几乎是兴冲冲地用双手抓住了那条红色绸带。

高力士跪在草地上，双手举着椅子移开了。

白色的裙摆轻轻地垂下来，拂过高力士的额头。

梨树枝弯了下来。

那年，贵妃杨玉环三十八岁。

玉环的遗骸被盖上刺绣被子，安置于驿馆的庭院中。

大将军陈玄礼跪下，确认其身份，随后告知全军。

军队终于继续向前开进了。

据说，皇上一行正要离开马嵬驿时，为杨贵妃运送荔枝的南方贡使刚好来到。那饱满晶莹的荔枝果肉，一定会让唐玄宗怀念起玉环吧。

9

唐玄宗把皇位让给了皇太子。皇太子即位后，翌年十月成功地夺回了国都长安。安禄山也被自己的儿子安庆绪杀死了。

唐玄宗退位后七年去世。

高力士失去了唐玄宗这靠山之后，受到新崛起的宦官势力的排挤和诽谤，被流放到黔中道[1]。宝应元年（762 年），高力士遇到恩赦。在返回长安途中时，闻听太上皇死讯，他一时悲伤过度，竟吐血而亡。

被高力士选中并暗暗培养为“理想的女人”的十八娘，有一天突然消失了踪影。她也许早已经意识到，留在宫中将会是什么样的命运。据说，她后来回到故乡福建晋安，安稳地度过了余生，最后在当地的尼姑庵报德院圆寂。

她幸运地没有成为第二个杨贵妃。

后来，乡里人把一种名贵的荔枝命名为“十八娘”。这个荔枝品种一直流传到今天。

10

在《太平广记》中，有一则《东城老父传》，讲述了“神鸡童”贾昌的故事。

玉环五六岁时，曾看见过流经长安城东的灞水。这是她生来第一

[1] 黔中道：唐代地方行政区名。黔中道即今贵州大部、重庆、湖北、湖南小部。

次看见大河。她非常兴奋，回到宣阳坊[1]的家里后，便告诉了邻居的小伙伴们。她试图从贫乏的词汇中选择最高级的表达方法来传达自己内心的震撼，却迟迟没找到，心里着急，就伸开双手，说那大河如何如何大。

邻居的小男孩，手里抱着一只刚出生的小鸡，说道："那有什么！我在城北见过一条更大的河，连对岸都看不到呢！"

玉环咬紧嘴唇，睁大眼睛，直盯着小男孩。这时，她开始发现自己性格里有一种非常强烈的倾向：她不允许别人有反对自己的意见，一旦有人反对，她就觉得无法容忍。

其实，她并不是娇生惯养之人。

她咬紧嘴唇，直盯着小男孩。不知不觉地，眼泪掉了下来——既是因为气恼，也是因为对未知的将来感到不安。

"哭了呀，噢——爱哭鬼！噢——爱哭鬼！"小男孩嘲笑道。

"阿昌，你快搬走吧！"玉环哭喊道。

那个小男孩姓贾名昌，是龙武军将领的儿子。他的父亲原是李隆基麾下一名士兵，因跟随李隆基起兵反韦皇后，晋升为腰佩长剑的龙武亲卫。贾家本来住在宣阳坊，但近日即将搬到东苑的东云龙门旁边，因为唐玄宗认为：禁卫军应该尽可能住在军营附近。

"嗯，当然要搬。这可是皇上的旨意呢。"阿昌故作老成地说道。其实，他只比玉环大四岁。

"那我就眼不见心不烦啦。你搬到城外去，可以养猪养牛。记住

[1] 杨玉环的籍贯历来有争议，有华阴县说、永乐县说、容州说、蜀州说、阌乡县说。据《旧唐书》记载，杨玉环"父玄琰，蜀州司户。妃早孤，养于叔父河南府士曹玄璬。"此处作者进行了艺术化处理，虚构了杨玉环家在宣阳坊这一情节。

要跟猪牛和睦相处哦。”玉环挖苦道。

阿昌很喜欢小动物，常常央求家人买来鸡、狗、猫等各样的小动物养。玉环虽然嘴上说眼不见心不烦，但这只不过是小孩子的气话罢了。其实，她很喜欢阿昌看小动物时那种温柔的目光。

有一天，阿昌在东云龙门旁边逗鸡玩儿时，恰被唐玄宗看见，后者就下令：“让他到‘鸡坊’去做事吧。”

唐玄宗当皇帝前就很喜欢斗鸡，即位后还在宫内建了训练斗鸡的场所——鸡坊。鸡坊里养了上千只凶猛好斗的雄鸡，皆“金毫铁距、高冠昂尾（身披金色的羽毛，有着铁一样的利爪，头顶高高的鸡冠，翘着尾巴）”。自然，还有几百个养鸡少年。

贾昌被调到鸡坊后，成了这一千多只雄鸡的大王。他似乎能听懂鸡说的话。更神奇的是，只要他发出特别的叫声，那些鸡全都服服帖帖的。唐玄宗听说此事后，擢升他为鸡坊长，给予超过禁军士兵的俸禄。那年，贾昌只有十二岁。

后来，唐玄宗去泰山封禅，让少年贾昌带上三百只装进笼子里的斗鸡同行。再后来，皇帝去温泉游玩，也准许贾昌身穿斗鸡服谒见。

由此，贾昌被天下人称为“神鸡童”，一跃成为长安城的大红人。

“阿昌，太好了！”玉环由衷地为贾昌感到高兴，但同时又有几分寂寞。皇帝狂热地沉迷于斗鸡，所以鸡坊的差事很繁忙，阿昌也就无暇回东云龙门的家了。

据说，安史之乱时，“神鸡童”贾昌也作为龙武军的一名将领随军离开了长安。但途中他的坐骑不小心陷入路边的坑洼里，把马蹄折断了。重新更换坐骑费了点儿时间。最后，他终于在马嵬驿追上大队人马，匆匆赶往大本营。

悬挂在梨树枝上的玉环看见了贾昌的身影。但贾昌快马加鞭地奔向前方，眼中只有前方的大本营，而并没有看见玉环。

安史之乱后，“神鸡童”贾昌不管别人如何相劝，都不愿再出仕了。他的子孙后代成了大富翁，他却没有待在家中享清福，而是到处流浪，仿佛是以这样的方式来惩罚自己。

元和五年（810 年），文人陈鸿遇见了贾昌。当时，贾昌已经九十八岁，但仍然精神矍铄。

飞越帕米尔

在克什米尔北边有一个名叫小勃律国的小国，原本归附于唐朝，每年前往朝贡。但后来吐蕃赞普[1]把公主嫁给小勃律王为妃，使其叛离了唐朝。

小勃律国地处西域的交通要冲，中亚诸国向唐朝派遣贡使（具有通商使节团的性质）时，该地是必经之路。自从小勃律国投靠吐蕃以来，其西边的二十多个国家都停止了对唐朝的进贡。他们的通商使节不再来唐朝，而改为前往吐蕃。

唐玄宗为此曾先后三次派出远征军，但都无功而返——唐军与其说是被吐蕃的兵力阻挡，不如说是败给了西域险恶的地理环境。

天宝六载（747年），唐朝第四次出动了远征军。而率领一万步骑的，正是高仙芝将军。

高仙芝率军从天山南麓越过葱岭（即帕米尔高原），兵分三路前进，并在连云堡（今阿富汗兰加尔）会合。据猜测，他们大概是穿过现在的瓦罕峡谷，在婆勒川[2]沿岸的连云堡一带集结，然后来到坦驹岭（今克什米尔北部德尔果德山口），沿着“岭峻绝，下四十里”的冰河冲杀下去，攻陷阿弩越城（现巴基斯坦的古比斯）。随后，砍掉河面上的所有藤桥，切断了吐蕃军的救援路线。小勃律国只得投降，重新归附唐朝。

20世纪的探险家斯坦因根据高仙芝的进攻路线推测，断定小勃律国的都城孽多城就是现在的吉尔吉特。

高仙芝因为立此大功而升为安西节度使，他还想再继续扩大战功。

---

[1] 赞普：《新唐书·吐蕃传》中提道：“其俗谓雄强曰赞，丈夫曰普，故号君长曰赞普。”为吐蕃君主的称谓。

[2] 婆勒川：今奥克萨斯河，又称阿姆河，为中亚水量最大的内陆河，发源于帕米尔高原，流入咸海。

天宝九载（750 年），高仙芝以石国（在今乌兹别克斯坦的塔什干）未尽属国之礼为借口，出兵至锡尔河上游地区。

高仙芝传令说："若谢罪则可赦免。"于是，石国国王投降，并被押送至长安。但他并没有被赦免，而是被斩首了——这是高仙芝一手策划的。因为在当时，通过外交谈判使敌国降服不能算作军功。高仙芝就考虑到，只要杀掉石国国王，就没人知道谈判的经过了。

石国王子从长安逃回了石国，并把消息告诉民众。一时间，举国震怒。但可悲的是，这个小国根本不是唐朝的对手。石国向当时的西域强国——阿拉伯的阿拔斯王朝[1]请求援助。就这样，石国再次叛离了唐朝。[2]

于是，高仙芝率领三万将士再次翻越天山，来到怛逻斯河畔的怛逻斯城[3]。

——摘自《小说十八史略》第五卷《晋升之路》

---

[1] 阿拔斯王朝：750 ~ 1258 年，中国古籍中的黑衣大食，为阿拉伯帝国的第二个世袭王朝。

[2] 关于此次石国的反叛，史籍中记载详略不同，《旧唐书》中只有"九载，将兵讨石国，平之，获其国王以归"的记载；《新唐书》中增加了"……其王车鼻施约降，仙芝为俘献阙下，斩之，由是西域不服。其王子走大食……"等语；到《资治通鉴》中，为"高仙芝之虏石国王也，石国王子逃诣诸胡，具告仙芝欺诱贪暴之状。诸胡皆怒，潜引大食欲共攻四镇"。从这些史料看，当时并非石国一国反叛。

[3] 怛逻斯城：又称怛罗斯、塔拉兹或塔拉斯，具体位置说法不一，但基本可以确定它位于近吉尔吉斯斯坦与哈萨克斯坦的边境处，在哈萨克斯坦的塔拉兹（江布尔城）附近的地区。

1

五花散作云满身，万里方看汗流血。

长安壮儿不敢骑，走过掣电倾城知。

这是杜甫七言歌行《高都护骢马行》中的诗句，这首诗收录在《唐诗选》[1]中，自古以来就深受日本读书人的喜爱。我也很喜欢这首诗。清代诗人王阮亭[2]曾以“无一句不精悍”来评价此诗，正可谓深得我意。

这是一首咏马诗。高都护的坐骑从遥远的西域被送回京城来。这是一匹久经沙场、所向无敌的名马。主人为了表彰其战功，特意把它送回长安，让它安度晚年。诗中的“五花”，是指将马的鬃毛修剪成五片花瓣的形状。鬃毛上可能还会佩戴着彩绸，打扮得漂漂亮亮的吧。

这匹马大概是阿拉伯纯种骏马，被送到长安时引起了轰动，人们纷纷前来，将马厩围得水泄不通，就为了一睹名马的英姿——杜甫大概就在这些看热闹的人群当中。

高都护出征是在天宝六载（747年）至天宝十载（751年）间。而杜甫是在天宝五载（746年）、三十五岁的时候初到长安的，其后十余年，他一直寓居在长安。这首咏马诗应当是杜甫到长安没多久的时候

[1]《唐诗选》：即明代诗人李攀龙选编的《唐诗选》。日本著名汉学流派之一古文辞学派创始人荻生徂徕（1666～1728年）对其十分推崇，故而《唐诗选》得以在日本文学界流行。

[2] 王阮亭：即王士祯（1634～1711年），号阮亭。清初杰出诗人、文学家。

写的。[1] 当时，他对长安的各种风物应该都感到非常新鲜，他一定是瞻仰了骏马的英姿之后才创作出如此名篇的吧。

接下来我要讲的，就是关于这匹骏马主人的故事。

杜甫这首名为《高都护骢马行》的诗中，所谓“高都护”——此人姓高，名仙芝，“都护”是他当时的官职名。他以安西副都护之职出征，因战功卓著而晋升为安西节度使。

高仙芝是唐玄宗时期的名将，但不是汉人，而是高句丽人。

安西节度使大概相当于现在的师长级别，如此军队要职，竟然由一个少数民族的人来担任！或许有人会觉得奇怪。其实，唐朝政权具有非常鲜明的多民族、国际化特色，特别在军事领域，起用了很多塞外民族出身的人，譬如：时任范阳、平卢、河东三镇节度使，后来“安史之乱”的主角之一安禄山即出身于少数民族——他的父亲是康姓胡人，母亲是突厥人；而陇右节度使哥舒翰的母亲是于阗公主，父亲是西突厥人；同时期的名将李光弼是契丹人。

不仅如此，在文官的任命上唐朝也相当开放。例如，有些作为遣唐使来到唐朝的日本人，后来就在唐朝出仕。

辽阔长天玉镜升，仰首遥望动乡情。
犹是当年春日月，曾在三笠山顶明。

以这首和歌而闻名的阿倍仲麻吕[2]，就曾侍奉过唐玄宗，后被升

[1] 据考证，《高都护骢马行》作于唐玄宗天宝八、九载（749 ~ 750 年）间，当为高仙芝征讨小勃律国立功入朝后，出征石国前这段时间里。

[2] 阿倍仲麻吕（698 ~ 770 年）：日本奈良时期的遣唐留学生，取汉名“朝衡”（又作“晁衡”）。

任为秘书监——类似于皇家图书馆馆长的职位。

这么说来，这位阿倍仲麻吕和高仙芝是同时代的人，说不定还在长安街市或宫廷中见过面、说过话呢。阿倍仲麻吕当上秘书监的时候，高仙芝正担任右羽林军大将军，两人同在长安。秘书监是从三品官，而右羽林军大将军则属于正三品官，彼此的地位相差不远，几乎可以忽略不计。虽然没有文献资料可以证明他们有过来往，但不难想象：两人之间的关系或许不仅限于点头之交。阿倍仲麻吕从前在日本时，就见过很多从高句丽地区远渡而来之人。如今两人同属在唐朝出仕的少数族裔人，彼此间或许会有一种亲切感吧。

高仙芝虽然是高句丽人，但不确定是否在高句丽地区出生。据《旧唐书》记载，他的父亲高舍鸡：

> 初从河西军，累劳至四镇十将、诸卫将军。

由此可知，高舍鸡应该在唐朝从军多年，高仙芝很有可能是在内地出生的。

高仙芝出生时，高句丽这个国家已经灭亡了。唐高宗总章元年（668年），唐朝大将李勣率领远征军，联合各部人马包围平壤，迫使高句丽王高藏投降。唐朝吞并整个高句丽国之后，在这里设立了安东都护府，进行直接管辖。

高句丽被唐朝吞并后，许多王族被以各种名义带离故国——实际上就成了人质。总章元年十二月丁巳日，唐高宗在长安含元殿举行受降仪式，赦免了高丽王高藏，并任命其为司平太常伯，这个官职大概相当于后来的工部尚书，即主管建设的大臣。

在《资治通鉴》里，高句丽灭亡的翌年四月一项记载如下：

高丽之民多离叛者，敕徙高丽户三万八千二百于江、淮之南，及山南、京西诸州空旷之地，留其贫弱者，使守安东。

从这句话可知，高句丽灭亡之后，当地民众进行过激烈的反抗。为稳定当地局势与治安，朝廷让三万八千二百户高句丽人迁徙到长江淮河以南，或靠近西域大片尚未开垦的地方。而其故国，只留下了一些贫弱的百姓。

高仙芝是高句丽王族的后裔吗？抑或是被强行迁徙的那三万多户高句丽百姓的子孙？史书并没有记载。

高仙芝率领远征军越过帕米尔，已是高句丽灭亡八十年后的事情了。

彼时，他的父亲不知到没到杖朝之年[1]。即便到了，八十年前的高舍鸡也只是一个不懂事的小孩子。高句丽灭亡，应当是高仙芝祖父甚或曾祖父时代的事情。也就是说，高仙芝是高句丽人的三代孙或四代孙。至于他母亲是高句丽人还是其他民族的人，就不得而知了。

另外，他是仍然保留着故国的语言和风俗习惯，还是彻底被汉化、只会说汉语呢？我对这个问题也很感兴趣，但无论在《旧唐书》《新唐书》，还是别的史书里，都找不到答案。

[1] 杖朝之年：年龄代称，指男子八十岁。

2

高仙芝的祖父是个不知名的平民，因为体格强壮，被强行从高句丽地区迁到了西部的荒芜之地——如果作为小说，这么设定比较有意思。

虽然民间多有传言，高仙芝出身于王族，但那多是后人见他功成名就的附会之说。仔细想想，如果这一说法属实，那么史书上应该会有“王族后裔”这么一句——古代编纂史书时，人们是非常注重血统和家族门第的，没理由对此视而不见。而且，如前文所述，高仙芝的父亲历尽艰辛才一步步晋升为将军，若是王族出身，应当会享受优待，或许直接就被封为大臣或将军了。因此，根据史书中字里行间透露出的信息推测，我也倾向于“平民出身”之说。

高仙芝的父亲想必是个非常努力的人。

前文说过，唐朝是一个多民族、国际化的国家，任用了很多少数民族的人当大臣或将军。然而，这并不意味着当时的抡才完全公平、公正。在这样的环境下，高舍鸡凭借自己的实力，一面对抗着周围人的偏见，一面在军队中努力地崭露头角。

他经常这样教育儿子仙芝：“一切都要看实力。只要你有实力，无论周围人怎么用白眼看你，你都一定能出人头地。凡事不要依靠别人，只能依靠自己。一定要有这样的决心。”

清秀俊朗的少年仙芝点了点头。《旧唐书》中记载：“仙芝美姿容。”连正史都特地提到容貌，可见他确乎是个美男子。

“实力并不仅仅是指力气哟。”高舍鸡说道。

“我知道。技术也是一种实力。”儿子仙芝回答道。

“没错。你现在正在练习骑射（骑马射箭）。掌握了这项技术之后，如果比别人厉害，就会被长官看中，有可能从此出人头地。不过，除了技术以外，实力还包括别的东西。你知道是什么吗？”

“嗯……在军队里头，需要指挥士兵，所以如何获得人心很重要……也就是说要学会关心体贴人？”

“没错！仁慈也是一种实力。还有一点非常关键，你可要好好记住哟——金钱也是很重要的实力。”

“真的吗？”仙芝从小接受的是儒家思想的教育，所以内心深处觉得君子不应把金钱看得太重。尤其是军人，更不可爱财。

“仁慈之心，是需要表现出来的。你看，将军抚摸一下士兵的头，士兵就会很高兴；那么，如果给他赏钱的话，他会更加高兴的。换句话说，仁慈之心是可以通过金钱表现出来的。怎么样，金钱的力量够大吧？”高舍鸡说道。

仙芝闻到父亲身上酒气袭人，但他知道：父亲所说的话既不是酒后胡言，也不是在开玩笑。这番话，只有在酒后和玩笑的掩饰下才能说得出口。正因如此，仙芝才觉得父亲的告诫尤其重要。

后来，他一直都把父亲的这番话放在心上。

按唐朝的制度，为国家立过功的人，其子可以享受破格提升的恩典。高仙芝就得到了这样的优待——二十多岁就被任命为游击将军，这是从五品下的官职。史书中记载道：

数年，父子并班。

也就是说，几年之后，高仙芝的官阶品级已经与父亲同样高了。

但高仙芝并不满足，他觉得自己总得不到他人的认可，苦恼于胸中抱负不得伸展。

“努力练好骑射。通过技术获得别人的认可，比将之运用于实战中更加重要。”父亲向仙芝提出了建议。他的意思是说：相对于实战技术，那些用于表演的、花哨的技术更容易引起他人的关注。高仙芝一直以来都很信任父亲，按照他的建议去行动，却未能获得历任节度使的赏识。

“莫非因为我是个高句丽人吗？”高仙芝满腹牢骚。他觉得自己怀才不遇是出身的缘故。

“不，不会的。”父亲高舍鸡摇头说道，“跟一般人比起来，现在的节度使盖嘉运可以说是很少带偏见的啦！前一任节度使田仁琬也是难得的公正之人。”

“真的吗……？”高仙芝觉得很难接受。

“我再教你一件重要的事情吧。”已经退居二线的高舍鸡一边捋着白胡子，一边说道，“不要把怀才不遇归咎为自己的出身，应该认识到：是自己的实力不够才导致这样的结果。如果屈服于别人的偏见，即使自己有能力，肯定也好不到哪里去。既然在这两位节度使的手下都没能得到认可，那就说明你的实力还远远不够。如果碰上歧视意识更强的长官——比如夫蒙灵詧，那他连看都不会看你一眼呢。”

“夫蒙灵詧有这么严苛吗？”

“嗯。跟他比起来，现在的盖嘉运长官简直就像神仙一样。”

“真是不可思议啊！”

高仙芝侧着头喃喃低语，感觉十分郁闷。

3

高仙芝觉得不可思议，是很自然的。

夫蒙灵詧，复姓夫蒙，名灵詧，亦作灵察。夫蒙氏属于西羌部族，乃羌族别支，据说这个部落是藏族人的祖先。夫蒙灵詧后来改姓马，有的史书也将其记载为“马灵詧”。

为何夫蒙将军并不更加青睐同为少数民族的人才呢？年轻的高仙芝暗自想道。

“这并没什么不可思议的。夫蒙他自己也是从这样的环境中一路闯来，才有了今天的地位。所以……”

“所以……”高仙芝接过父亲的话，“他是打算要报复吗？从前受到怎样的苛待，现在就怎样对待别人，甚至还要加倍奉还。是这样吗？”

“嗯，正是如此。”父亲答道。

高仙芝曾见过父亲鞭打一名突厥族士兵。据说，那个士兵是因为违反了军纪，所以受到了惩罚。年轻的高仙芝对父亲的行为十分不满，他觉得：对于同样身为少数民族的士兵，难道不可以宽容一些吗？

“被歧视的人们应该团结起来才对呀！”高仙芝说道。

“这样的话，上头岂不是会盯得更紧了吗？”父亲反问道。

高舍鸡通过多年经验，对此深有体会；而高仙芝年纪尚轻，没人提醒的话，自然意识不到这一点。

高仙芝任职于安西都护府。

唐初，安西都护府设在高昌（现新疆维吾尔自治区吐鲁番市）。随着唐朝势力在西域的扩张，军事基地逐渐向西推进。终于，都护府西迁到了天山南麓的龟兹，就是现在的新疆库车县。“龟兹”和“库车”都是维吾尔语的音译汉字。

一日，来了一位新任节度使——竟就是那位夫蒙将军。

“哎呀，这个严苛的夫蒙将军成了我的长官了！那我得等到什么时候才能熬出头呀……”高仙芝长叹一声，小声嘀咕道。

旁边的幕僚封常清听见了，就劝道：“将军何必唉声叹气呢？您应该高兴才对呀——总算等来晋升的机会了！”

高仙芝问道：“为什么这么说呢？”

封常清回答道：“这个羌人（指夫蒙）既然苛待部下，自然会把您送到最危险的地方，比如几乎没有胜算的战场。如果您在那里打了胜仗，那又何愁不能晋升呢？”

“确实……你说得也有道理。”高仙芝苦笑着说道。

封常清继续说道：“您不也经常吩咐我做一些很棘手的任务吗？所以，我才有了今天的地位呀！”

“别说了！”高仙芝苦笑着的脸渐渐阴沉下来。

封常清其人，身材瘦小、相貌丑陋。作为被流放到西域的犯人后代，自然没有什么家庭背景。当初，他报名应聘随从时，高仙芝只瞥了他一眼就直摇头。但遭到拒绝的封常清一直坚持等候在高仙芝府邸的门口，最后拗不过他，高仙芝只好让他当了一名勤务兵。

开始时，高仙芝总觉得封常清太碍眼，就经常把棘手的任务交给此人，想等他出错时好找个理由辞掉他。然而，无论是什么样的难题，封常清都能出色地完成。不仅如此，这个封常清文章也写得非常好，经他润色的报告书，就如同说出主公自己的心声一般。高仙芝对此感叹："我正是想写这样的报告书，无奈自己文笔不佳……这个人还真有一手。"于是，封常清被提拔为幕僚，终于得到了重用。

现在，对于高仙芝来说，封常清已成为自己身边不可或缺的角色。

4

正如封常清预料的那样，新任节度使夫蒙灵詧给高仙芝下达了一项艰巨的任务——讨伐吐蕃。这是历任节度使都没能完成的事业。

从二十五年前的开元十年（722 年）开始，吐蕃就频频出兵攻打唐朝属国小勃律国，意在削弱唐朝对西域的控制——只要制伏小勃律国，就切断了其西边归附于唐朝的中亚诸国与唐朝的联系，那么这些国家向唐朝的进贡自然会全部收归自己囊中。

后来，吐蕃赞普把自己的女儿嫁给小勃律国国王为后，通过和亲的外交手段成功达到了目的：西域诸国通往唐朝的交通要道由此切断，再加上当时吐蕃国力的强盛，中亚诸国改换门庭，投靠了吐蕃。

为此，唐玄宗多次下令讨伐吐蕃，但三次远征均以失败告终。阻挡唐朝军队的，不只是吐蕃强大的军队，还有西域险恶的地形。

天宝六载（747 年），高仙芝受夫蒙将军之命[1]，率领远征军踏上了征途。

安西副都护、都知兵马使、四镇节度副使、行营节度使——作为这次行动的统帅，高仙芝多了很多冠冕堂皇的头衔。若在平时，夫蒙

[1] 据史书《旧唐书》载："小勃律国王为吐蕃所招……玄宗特敕仙芝以马步万人为行营节度使往讨之。"任命征讨小勃律国将领的应为唐玄宗。本书中因故事情节需要，故而说高仙芝受夫蒙灵詧之命。

大概是不会乐意把如此重要的官位授予这个自己讨厌的人的，但为了将远征吐蕃的重任强加于他，的确需要给予一些“甜头”。

高仙芝率领大约一万人马出征。

从天山南麓越过帕米尔高原，途中不仅要跋山涉水，还要穿过广袤的沙漠地带。为防止掉队，马匹必不可少。所以，当时的步兵都装备着私人马匹随行。并且，远征作战，后方补给至关重要，可以想象，肯定还有庞大的运送辎重的人力提供支援。

远征军从都护府驻地龟兹出发，一路向西。越过葱岭，渡过播密川（今阿富汗瓦汉附近）后，又走了二十多天，抵达特勒满川（今瓦罕河）。当时，在特勒满川的河岸上，就坐落着五识匿国[1]。至此，共行军一百多天。然后，高仙芝兵分三路，分别从北谷、赤佛、护密这三条路线前进，并约定以七月十三日为期在吐蕃的连云堡会合。

既然要全军合力攻打吐蕃，为什么还要采取兵分三路的行军策略呢？

有很多人试图解释这个问题，但一直众说纷纭，莫衷一是。20世纪初的著名探险家斯坦因提出了自己的看法。他在深入当地考察后，推测说：这大概是出于粮草方面的考虑——一万多人马同时行军，如要到达目的地，各种物资都会出现短缺，甚至连马匹的饲料都很成问题。所以才分开前行。

高仙芝所率的一路兵马走的是护密这条线。所谓护密，就是现在著名的瓦罕走廊。而指定三军汇合地的连云堡，就是现在的奥克萨斯河沿岸的撒尔哈度。在中国史籍中，奥克萨斯河也被称作“婆勒川”。

[1] 五识匿国：当时的西域小国，现位于塔吉克斯坦八达赫山自治州南部。

全军在婆勒川汇合后，发现刚好碰上涨水的季节，唐军畏惧不前，进攻变得极其困难。高仙芝心想：这时机可真不巧。忽然，他想到了其貌不扬的封常清——就像上头来了个坏心眼儿的长官，反而为自己创造了立功的机会一样；在逆境中出击，是不是也意味着有可能取得胜利呢？如今正值婆勒川的涨水期，敌军很可能会麻痹大意、疏于防范，或许是千载难逢的进攻时机。

高仙芝在献上三牲[1]祭祀河神后，下令由七十人的骑兵队竖起旗子渡河。其实，这支骑兵队的将士都是来自从小在河川附近长大的游牧民族，他们知道怎样让马匹巧妙地在河里游泳。高仙芝一早精心挑选出这样一支队伍，正是要在这时派上用场。

这七十人左手握着缰绳，右手举着旗杆，一口气游到了河对岸，而旗帜丝毫未湿。这是他们自幼反复练习而下意识养成的习惯。对于这些人来说，骑马渡河而不弄湿旗帜是理所当然之事。然而，在其余一万将士看来，这简直就像变戏法。

此时，高仙芝在全军面前故作惊奇地喊道："噢，真是天助我也！你们看——别说大唐的旗帜，就连他们的军靴都没湿！既然有上天保佑，那我们就趁此时机渡河进攻吧！"

要单枪匹马渡过涨水期的婆勒川是极其困难的。但在目睹了骑兵队的神奇一幕，又听见统帅的呼声后，全军士气高涨，纷纷骑马跃入河中。人在处于兴奋状态时，是拥有挑战一切不可能的勇气的。而且，这一万多人马同时跃进河中，截住了湍急的流水，使渡河变得容易许多。转瞬之间，将士们就到了河对岸。

就这样，在高仙芝的率领下，士气高涨的军队一举击破了自恃天

[1] 三牲：用于祭祀的牛、羊和猪。

险而疏于防范的连云堡吐蕃守军。此次战役，杀敌五千，俘虏一千多人，还缴获了不计其数的战马、兵器、军粮等物资。

5

在攻打连云堡的战役中，高仙芝给一位名叫李嗣业的军官记了头等功。

李嗣业是个身高超过两米的壮汉，在此役中担任陌刀将[1]，并立下赫赫战功。史书称其“壮勇绝伦”。不过，军中像他这样的勇士并不多见。

一路走来，终年积雪的崇山峻岭、吼叫的激流、呼啸的狂风足以让怯懦的士兵胆寒；而前方通往小勃律国的道路更加艰险，不少士兵只是听说就已经吓得双腿发软，更别提那些陷入忧郁之中而神经衰弱的人了。

然而，军队还要继续前行。

按照唐朝军队制度，大规模出征时，须有皇帝直属的“中使”随军出行。中使又称“监军”，主要任务是监视统帅以及督战。高仙芝的远征军里，就有一位名叫边令诚的中使随行。此时，这位边令诚就对向前进军感到了畏惧。

高仙芝决定把三千名老弱残兵留在连云堡。他对边令诚说道：“中使大人，我们需要留三千守兵在这里。我本来想让李嗣业留下当守兵队长的，但他不肯。唉，这家伙真是个有勇无谋的武夫，只会一味进攻，而不愿意防守。所以，我想来想去，觉得还是由大人率兵护卫这座连

[1] 陌刀将：唐代武官名称，步兵陌刀队的将领。陌刀，即长刀，古称斩马剑，为步兵兵器之一。

云堡为上策。不知您意下如何？”

边令诚松了一口气——之前，他每每想到前途的艰险，就感到无比忧郁。

他接受了高仙芝的提议，却摆出一副以恩人自居的面孔，说道：“在军队中，各人有各人的职责。如果没人肯留下当守兵队长的话，那我就勉为其难吧。反正总得有人来做嘛！”

“那您真是帮我的大忙了！非常感谢……”高仙芝微笑着说道。

边令诚一直都没有忘记高仙芝的这个笑容。他无法分辨，这到底是善意的微笑，还是轻蔑的嘲笑——似乎理解成哪一种都可以。

就这样，高仙芝把三千老弱残兵留在连云堡，然后继续前进。

三天后，军队抵达坦驹岭。

坦驹岭应当就是现在的达尔科特山口[1]。直到20世纪初，此处还是进入亚辛峡谷（今在巴基斯坦）的唯一通道。而小勃律国就位于这片峡谷之中，与之相距不远的阿弩越城（今在巴基斯坦）正在坦驹岭下。所以，要进入小勃律国，阿弩越城乃必经之地。而想要穿过阿弩越城，就必须翻越坦驹岭。

之前，高仙芝及其远征军已经征服了广袤的沙漠与帕米尔高原。现在，等待他们的是漫长而险峻的冰川。

《旧唐书》中形容此处地形是“直下峭峻四十馀里”，《新唐书》中也有“岭峻绝，下四十里”之语。可见，这是一片充满危险的土地。为了迎接这次冒险，高仙芝让三千老弱残兵留守连云堡，现在他所率

[1] 也译作德尔果德山口，在今克什米尔西北境巴勒提特之北、兴都库什山米尔峰之东。

领的这支军队可谓精锐之师。然而，当站在坦驹岭的顶峰时，士兵们的脸上还是露出了畏惧的神色，甚至连高仙芝都能感觉到这些部下害怕得直打哆嗦。

这究竟是为什么呢？

为了寻找答案，1160年后，斯坦因沿着当年远征军翻越坦驹岭的路线，在被大雪覆盖、随处是裂缝的冰川上艰难攀爬了九个小时，最终登上了顶峰。后来，在回忆这次探险时，他写道："当我站在这个地方，俯视着海拔1800米[1]的陡坡时，顿时明白了为什么高仙芝将军手下的那些勇士们会深感畏惧了。"让他们感到头晕目眩的，不仅仅是银白色冰川发出的耀眼光芒；俯瞰这长长的陡坡，即使身经百战的勇士们也会不由感到脊背发冷吧。

因为事先的侦察和搜集到的情报，高仙芝已经预料到这种恐怖的地形会对军队士气产生不利的影响。所以，他早就考虑好了对策。

一提到高仙芝，往往给人以猛将的印象，其实他更是一名智将，连云堡一役足可证明。

当时，在众人目睹了七十人骑兵队渡河神迹之后，高仙芝当即断言："他们连旗帜和军靴都没湿"——既然是骑马渡河，军靴是肯定会沾湿的。但骑兵队已经到达对岸，军靴有无沾湿这种细枝末节，谁也不会在意。此时大呼"上天保佑"，正是充分考虑到此举对全军的心理影响——既然统帅如此笃定，士兵们自然也会深信不疑。大家都把自己的命运寄托在奇迹上，于是产生了一种超乎想象的力量。最后，大军成功地渡过婆勒川。

[1] 坦驹岭长40里，山口海拔4688米，此处或系讹误。

现在，智将高仙芝又要调动全军“力量”了。“上天保佑”之法已经在骑马渡河时用过了，那么接下来他会采用什么样的新策略呢？

这次，高仙芝为了鼓舞士气，运用了“胜利”之法。

坦驹岭高耸险峻的陡坡，足以让士兵们望而生畏，何况下去之后还要和敌人进行殊死搏斗，众将士的心情就更加沉重了。

高仙芝要做的，就是让大家相信：这银白色的冰川之下，胜利正在向我们招手。已经不需要再浴血奋战了，只要下去，就能获得胜利、分享战利品、升官发财……如果不下去，只会功亏一篑，一无所获——只要确信这一点，就一定能鼓舞全军士气，勇往直前地沿着陡坡，冲向谷底。

为此，高仙芝事先派了二十名骑兵，让他们化装成阿弩越城的军使前来迎接唐军，并声称：“我们打不过大唐的军队，所以决定投降。娑夷河[1]上的藤桥已经全部切断了，吐蕃的援军也无法进来……请接受我们的投降吧！我们这就带你们下去！”

因险峻的冰川而畏缩不前的部下们听了这番话，顿时士气大振——“胜利”就在下面等着我们呢！

6

七千唐军一鼓作气，沿着坦驹岭的陡坡冲向谷底。

坦驹岭山脚下的阿弩越城守兵做梦也想不到敌军会从这里下来——光从这一点，就足以证明他们是一支不畏艰险、英勇无比的军队。于是，阿弩越城没有抵抗就投降了。

[1] 娑夷河：又称弱水，即今克什米尔西北部吉尔吉特附近印度河北岸支流。

下一步，就是此次远征的终极目标——小勃律国了。

高仙芝率唐军主力行至小勃律国都城孽多城（今巴基斯坦吉尔吉特）下。他派人切断娑夷河上所有的藤桥，以阻止吐蕃军队前来救援；并以处死五六名酋长的极小代价，肃清了城中的吐蕃派势力。然后，俘虏了小勃律王和王妃。

战役至此，唐军取得了完全的、彻底的胜利。

凯旋时，大军就不必再爬坦驹岭的陡坡了。他们沿着赤佛堂路班师回朝，再次来到婆勒川，与留守在连云堡的三千士兵会合后，返回播密川。

高仙芝此次出征，使唐军声威远播西域，拂菻[1]、大食[2]等七十二国无不震慑，纷纷投降归附于唐朝。

探险家斯坦因曾对此评价道："每当我想到高仙芝碰到并克服的种种困难的情形时，就会冒出这样的念头：高仙芝翻越坦驹岭和帕米尔高原的行为，甚至要超过名垂青史的汉尼拔、拿破仑、苏沃洛夫等欧洲将军翻越阿尔卑斯山的壮举……"同时，他还为坦驹岭上没有赞颂高仙芝的纪念碑而深感遗憾。

且说高仙芝返回播密川后，便写了捷报送往长安。

河西节度使夫蒙将军闻讯大怒，心想：是我派高仙芝出征的，即使要向朝廷传送捷报也应该由我来写。高仙芝这家伙，打败了个小勃律国就自以为是，得意扬扬地向上头呈送捷报，真是岂有此理！等他回来时，有他好看的。

---

[1] 拂菻：中国古代对东罗马帝国的称谓。

[2] 大食：指阿拉伯帝国。

不久，高仙芝和监军边令诚一起来见夫蒙灵詧。

关于此事的记载，中国史籍大都中规中矩，一笔而过。只有《旧唐书》中，详细地记载了夫蒙灵詧詈骂高仙芝的场面，语言粗俗、生动，很可能就是夫蒙将军的原话：

啖狗肠高丽奴！啖狗屎高丽奴！

骂过之后，夫蒙问高仙芝："你当上于阗[1]长官，是谁的功劳？"

"是您的功劳。"高仙芝回答道。

"安西副都护的职位，你是怎么得到的？

"也是多亏了您的推荐。"

"那你为什么不向我汇报一声就擅自向朝廷传送捷报呢？"

"对不起。"高仙芝只得一个劲儿地道歉。

"你是我的部下。从职位来说，我有权处死你。我是看在你立下战功的份上才饶你一命的。"夫蒙将军说道。

高仙芝的性命犹如风中之烛，危在旦夕。

这句话绝不夸张。军队向来赏罚分明，纪律严格；而且，相对于文官，武官的权限更大，尤其是当时的节度使，手中握有对部下的生杀予夺大权。夫蒙灵詧的一个念头，就有可能让高仙芝人头落地。

此时，对高仙芝给予同情的，是监军边令诚——他亲身经历过远征行军、翻山越岭的千辛万苦，所以对高仙芝的遭遇感同身受。何况，立下如此赫赫战功之人，如果仅仅因为擅自给朝廷传送捷报就被处死的话，那么以后还有谁愿为国家尽力呢？

[1] 于阗：古代西域佛教王国，唐代安西都护府安西四镇之一。

监军是皇帝直属的，有直接向朝廷上书的渠道。于是，边令诚立即派密使前往长安。奏章大意为："高仙芝立下了前所未有的战功，但眼下却在担心自己性命不保。为了鼓励后世军人奋勇立功，还请对他网开一面。"

朝廷迅速做出反应，下达了人事调动命令：将夫蒙灵詧召回长安；同时，高仙芝升任鸿胪卿，并被任命为四镇节度使，兼任御史中丞。也就是说，夫蒙被解任离职；而高仙芝代替他成为安西节度使，从此再不必屈居于夫蒙之下了。"鸿胪卿"大致相当于外交部部长之职。当时，为了提高节度使的权威性，会在本职上再加封一个名义上的官职。

官职的变迁，打破了安西都护府内部原本的力量平衡。夫蒙灵詧回京后，他原来的部属就全都在高仙芝的管辖之下了。

过去，夫蒙灵詧手下的副都护程千里、衙将毕思琛等人也因为主人的偏见经常明里暗里地刁难高仙芝。如今，高仙芝升任节度使，手握对部下生杀予夺的大权，他们终日惴惴不安，担心自己会受到报复，甚至有掉脑袋的危险。

一日，高仙芝喊来程千里，骂道："你空长了一副男人的皮囊，性格倒像个娘儿们似的。"在那个时代，被人骂说像个"娘儿们"无异于最大的侮辱。但程千里也只得跪拜在地上，点头称是。

高仙芝继续说道："我原来一直很痛恨你们。现在本不想再提起过去的事情，但这样一来，你们就更忐忑不安了。所以，我索性将你痛骂一顿。既然已经骂了，这事就算完了。过去的事情，全都一笔勾销了。"

就这样，骚动不安的军心总算稳定了下来。

后来，高仙芝被加封为左金吾卫大将军，他的儿子也被授予五品官。至于高仙芝的心腹封常清，经过连续的提拔与推荐，更是一路从判官做到安西副都护，成为他身边不可或缺的左膀右臂。

7

天宝九载（750年），石国[1]叛变。高仙芝主动请缨，奉命征讨。

他再次率领大军穿越沙漠，来到锡尔河上游地区，剑指石国。

关于此次战役，高仙芝时常遭人诟病。

名义上，出兵理由是因为石国叛变。但所谓叛变，只是“未尽属国之礼”这种抽象的说法。而且，高仙芝还欺骗石国国王道：“若谢罪则可赦免。”石国国王轻信了他的话，选择投降，与他一同到长安谢罪，却在随后被斩首了。消息传回国内，举国震怒，自是不在话下。

不仅如此，高仙芝还从石国缴获了大量的财物。其中包括：大块的瑟瑟[2]宝石十余石（一说十余斛），足足需要五六匹骆驼驮运的黄金，以及骏马、宝石等大量西域特产。史书中对此的评价是：“仙芝为人贪。”

有意思的是，就在同一史籍的几乎同一地方，又记载着自相矛盾的内容：《旧唐书》中写着高仙芝“家财钜万，颇能散施”；《新唐书》更为具体，说他对于财物是“不甚爱惜，人有求辄与，不问几何”。

一个人在史料中的形象既贪婪又慷慨，这到底是怎么回事呢？其

[1] 石国：西域古国，昭武九国之一，位于现乌兹别克斯坦共和国的塔什干市。

[2] 瑟瑟：一种绿色的宝石。

实也不难理解。或许可以解释为：他是为了收买人心才大肆敛财的。

在父亲的教导下，高仙芝知道金钱具有无穷的力量。所以，为了收买部下的人心、为了讨好上司，他很可能会毫不吝惜地用金钱打点关系。既然需要钱的地方那么多，自己的收入也不足以填补窟窿，那就必须从别处搜刮。出兵攻打石国，也许正是出于敛财之目的吧。

且说石国王子惨遭杀父、夺宝的横祸之后，心怀刻骨的仇恨，前往西域各国游说，痛陈高仙芝的暴行，鼓动各国起来造反。只是，西域各国力量弱小，无非一些沙漠间的绿洲城市或部落而已，即使联合起来，也不是唐朝的对手。于是，他们就向强大的阿拉伯国家阿拔斯王朝请求援助。

《旧唐书》里将阿拔斯王朝称作“黑衣大食”。而被阿拔斯王朝灭掉的倭马亚王朝，则被称为“白衣大食”，此外还有“绿衣大食”。所谓“大食”，据传起源于萨珊王朝时伊朗人对阿拉伯某一部族的称谓。也有另一种说法，认为“大食”来源于波斯语中“Tazi”的音译，泛指整个阿拉伯民族。中国古代史籍中，按其民族服装颜色，将其划分为黑衣、白衣和绿衣三种。

且说当时阿拔斯王朝刚成立不久，正处于朝气蓬勃的时期。统帅艾布·穆斯林派出了部将援助石国。

另一边，高仙芝也率领三万将士深入大食，来到怛逻斯河畔的怛逻斯城。这次远征军中，除了汉族将士之外，还有其他民族、国家的军队，比如：来自突厥，后来叛变成为阿拔斯王朝内应的葛逻禄族军队。

怛逻斯战役以高仙芝率领的唐军大败而告终。

高仙芝本打算重整旗鼓，再打一仗，因为他觉得此役定能扭转战局。但部下表示反对，提议撤兵的正是从前那位陌刀将李嗣业。

据阿拉伯史书（伊本·阿西尔编撰的《历史大全》）记载，唐朝军队约有五万士兵被杀，两万士兵被俘虏。然而，据考证，高仙芝率领的军队总共只有三万人，所以阿拉伯方面的记载有虚报的嫌疑，足足多记了一倍以上。[1]

中国方面的史料，对这场败仗大都一笔带过，寥寥数行，远不及之前攻打吐蕃及小勃律国生动——报喜不报忧，这原本也是人之常情。何况怛逻斯之战远在域外，未涉及本国一寸领土，对大唐影响也极其微弱。此外，就在怛逻斯战役的第二年（752 年），西域诸国便纷纷派遣使节前往长安进贡；甚至连“黑衣大食”也向唐朝派遣了使节，建立并保持着互相邦交的关系。或许就是因为这些原因，这场战役才被中国忽略的吧！

至于高仙芝，他也并没因为此次败仗而受到责罚。回到长安后，他成为右金吾大将军，并被封为密云郡公。

8

怛逻斯之战的胜负似乎并不影响大局。

这里所谓的“大局”，是从当时的政治、外交方面来看。然而在文化方面，却产生了不可估量的重大影响。

[1] 关于怛罗斯战役，中国方面对唐朝的参战人数，大致有两个不同的记载：一为六至七万（唐人杜佑的《通典》），一为二至三万（《新唐书》《旧唐书》《资治通鉴》等）。阿拉伯方面也有两种记载，一是唐军十万，但并未达成共识，另一为十万以下。外国史学界多支持唐朝二至三万的说法。

前文提到过，探险家斯坦因曾为坦驹岭上没有高仙芝的纪念碑而深感遗憾。他大概认为，应该建造纪念碑来颂扬这位踏破艰辛征途、激发全军士气的高仙芝将军的功绩。然而我却认为，倘若真的要为高仙芝建造纪念碑的话，或许建在怛逻斯战场遗址上会更加合适——虽然在这里，他抛弃部下，仓皇而逃。

据说，在这些部下里头，有几名制纸工人。唐军战败后，他们作为俘虏被带到撒马尔罕、巴格达等地，把造纸术传到了阿拉伯地区。在那之前，西方没有纸张，只能在羊皮等昂贵的材料上写字，文化传播难度很大。造纸术传过来后，进一步促进了撒拉逊[1]文化的发展。

正如俗话所说："曙光从东方升起。"文明从阿拉伯传入了欧洲。在这文化传播的过程中，纸发挥了极其重要的作用。

那么，作为怛逻斯之役的副产品，我们把高仙芝的纪念碑立在这一片战败之地上不也挺合适的吗？

天宝十四载（755 年），高仙芝被封为密云郡公。同一年，安禄山起兵反叛。

当时，唐玄宗疏于国政，专宠杨贵妃。听说安禄山造反之后，他便任命荣王李琬为元帅，高仙芝为副帅，率军东征。荣王李琬是皇族，给予他主帅之位更多是出于名誉上的考虑，所以这支军队实际上的统帅就是高仙芝。

此次东征据说有十一万人的兵力，但大多是临时招募而来、没受过专门军事训练的市井之徒，无异于乌合之众。而前线的指挥官则是

[1] 撒拉逊：这里是指中古时代所有的阿拉伯人。

那位相貌丑陋的封常清。怛逻斯一役后，封常清成为安西节度使[1]。他进京谒见时，正赶上安禄山造反，因为久经沙场经验丰富而受到器重，被授予范阳节度使一职，出兵讨伐安禄山。

封常清率兵来到洛阳，打算阻击安禄山的叛军。无奈他麾下的将士大多是从未受过训练的洛阳城中的子弟兵，与从前那些驰骋西域的精锐之师相差甚远，一碰上安禄山的虎狼之师，顿时溃不成军，一路向西败退。

高仙芝来到陕州后，听取封常清报告的溃败情形，才意识到和叛军在平地交战是不利的。于是决定向西撤退，据潼关之险进行防守。撤离陕州前，高仙芝下令打开官库，将其中储藏的钱财、粮食、绸布等细软赏给部下，剩下的全部烧掉。坚壁清野的目的，是防止安禄山的叛军得到这些财物。

然而，这一举措却激怒了身在长安的唐玄宗——守军从陕州退往潼关，不就意味着可恨的安禄山又向长安逼近一步了吗？！

唐玄宗打算罢免高仙芝和封常清，派名将哥舒翰顶替他们。

这世上，总是不乏媚上之人。

这次，随东征军出行的皇帝直属的监军，恰巧又是从前翻越帕米尔高原、征讨小勃律国时的那位中使——边令诚。在与朝廷的频繁联系中，他觉察出了唐玄宗的意向。为了迎合皇帝，他上疏弹劾道："封常清和高仙芝擅自撤退，侵吞军粮，并打开国家储备多年的官库，占为己有。"

唐玄宗批示："将这两人问斩！"

[1] 怛逻斯之战后，高仙芝被解除安西节度使之职，而由王正见担任。第二年王正见就去世了，封常清接任节度使之职。

临刑之前，高仙芝大声叫嚷道："退兵是我的过错，虽死不辞！但若说我侵吞军粮、将官库占为己有，我却不能接受！天地明鉴，我无愧于心！各位弟兄们，这难道不是污蔑吗？！"

全军将士纷纷齐声叫道："冤枉！冤枉！"

听着这喧闹的叫声，边令诚闭上了眼睛。

他脑海里浮现出当年高仙芝让他留守连云堡时的笑容——他到现在都不知道，那到底是善意的微笑，还是轻蔑的嘲笑。

片刻之后，边令诚睁开眼睛，看着高仙芝。高仙芝也看着他。

高仙芝笑着说道："你这个没脸见祖宗的畜生！"此时他的脸上，显然流露出了轻蔑的笑容。

皇帝直属的监军之职，一般由宦官担任，即被阉割过、无法繁衍后代、祭拜祖先的人。边令诚就是这样一个没脸见祖宗的宦官。

高仙芝脸上的笑容消失了。他生平第一次用这种歧视用语来骂人。

边令诚又闭上了眼睛，喝令道："斩！"

落日孤云

成吉思汗班师东归之后[1]，率兵亲征西夏。

西夏这个党项[2]小国以骁勇善战闻名于世。可惜，这次他们遇到的是强势崛起的大蒙古国[3]。

公元 1227 年，西夏灭亡。同年八月，成吉思汗去世。

巨星陨落。

成吉思汗临死前，把儿子窝阔台叫到病榻旁，指着站在旁边的耶律楚材说道："这是上天赏赐给我们家的人才。一切事情都要听从他的意见。"窝阔台是钦定的继位者，窝阔台即位后，秉承父亲的遗志，继续挥师南下。蒙古军队很快占领了河南的广阔地区。

大臣别迭眺望着眼前的一片麦田，说道："不如将这里的人全都杀掉，空出这片土地改为牧场，树木碍事的话，砍掉就行。我已经命手下砍掉大部分树木了……这里一定能长出丰茂的牧草来。不知各位有何高见？我们请示一下大汗的意见吧。"

当时，窝阔台汗就在现场。他问耶律楚材："你觉得如何？"

"臣反对别迭的提议。"耶律楚材直言不讳地回答道，"征战还在继续，而军队补给需要地税、盐税以及军粮等物资。如果杀掉这些百姓，军需物资又从何而来？别迭下令砍掉的桑树，在他看来或许会妨碍放牧；但要制作丝绸的话，桑树是不可或缺的。请大汗下令，禁止砍伐桑树，让他们继续种田织布。这样做都是为了国家。"

---

[1] 1225 年，西征花剌子模七年的成吉思汗回到蒙古高原。花剌子模是古代中亚国家，位置在今乌兹别克斯坦及土库曼斯坦两国的土地上。1231 年为蒙古帝国所灭。

[2] 党项：古代北方少数民族之一，属西羌族的一支，发源于今青海省东南部黄河一带。

[3] 大蒙古国：亦称蒙古汗国，是 1206 年成吉思汗创立的蒙古政权。

“好，就听你的。”窝阔台汗说道。

耶律楚材的一番话，拯救了河南的麦田、桑树和几百万人的性命。

——摘自《小说十八史略》第六卷《蒙古，西征归来》

1

1975年9月，我和家人一起到中国的甘肃省旅游，主要目的是去参观敦煌。之后，又顺便去了附近的玉门油田和刘家峡水电站。

刘家峡位于兰州市附近，是当时中国最大的水电站，我甚至觉得有日本的琵琶湖那么大。[1] 家人原本商议乘船绕行一周，但当天往返的时间实在太紧，所以转了一半就决定中途返回了。

回程中，刘家峡的王主任对我说道："你看，洮河从那里流进来了。水的颜色有点儿变化吧？"

"噢，洮河？"我不禁脱口而出，"就是那个产砚台的地方吧……"从洮河河底捞起的石料制造而成的砚台，即为洮砚，自古以来就作为名砚而为人所知。

黄河顾名思义，是在流经黄土高原时，卷入了大量的泥沙，变成了浑黄的浊流。刘家峡水电站在高原峡谷中截黄河干流而建。截流之后，才发现上游的黄河之水原来也挺清澈的。洮河支流流进来时，能够明显看出水的颜色有所变化。

一说起这洮河，我不由联想到几件事，比如说，临洮。秦始皇建造的万里长城西起临洮——这"临洮"据说就是"濒临洮河"的意思。

坐在我旁边的王主任点了根烟，然后把火柴盒搁在船舱的桌面上，火柴盒上印着"天水火柴"几个字。天水市位于西安和兰州之间，是

[1] 琵琶湖位于日本中西部山区，是日本最大的湖泊，面积约674平方公里；刘家峡水电站面积是130平方公里。

甘肃省的工业城市。

斯情斯景，我的脑海中浮现出了一幕幕历史画面。

这一带在历史上是复杂的地区交界处。

12 世纪后半段至 13 世纪前半期，蒙古迅速崛起，东亚形势危急。当时，在中国的土地上，主要有三方势力角逐：宋朝受到金国的军事压迫，不得不放弃首都开封，逃到南方，建立了南宋；金人南下，占据了中国北方，并迁都燕京（今北京），与南宋划江而治；另外，自从 11 世纪以来，中国的西北方就一直被党项族政权西夏所占据。

我乘船经过的这片地区，就是历史上三国并立的交界处：洮河汇入黄河的入河口，在当时大致由金国控制；而火柴盒上印着的“天水”就在附近，却是南宋的领土；我的旅游目的地敦煌及河西一带（即黄河以西地区），则属于西夏的版图。这三个国家各出奇招，时而联合，时而对抗。随着时代的发展，三方势力也各有消长。

此时，蒙古铁骑的马蹄声正渐渐逼近……

这是一个激烈动荡的时代。很久以前，我就想过，有机会一定要写一写这个时代的故事。

临河而眺，我不禁诗兴大发，想到了那个时代最著名的大诗人——元好问。

元好问生于乱世之中，用“传奇”一词来概括其生涯，未免有些失礼；不过，若以他为切入点，来介绍这个时代或许是再合适不过的了。但如果采用轻描淡写的手法，恐怕又无法引起读者的兴趣，我因此而发愁，无法动笔。

望着坝中清澈的河水，我突然觉得：既然这段历史让自己魂牵梦萦，就应该率性地信笔写来，不必顾虑太多。在这个念头的鼓动下，我奋笔疾书……

2

女真族政权金国灭了契丹族政权辽国之后，在 1126 年乘势攻占了宋国首都汴梁（即现在的河南省开封市）。次年，北宋灭亡，朝廷南渡，开始了以临安（浙江省杭州市）为首都的南宋时期。

起初，占领了淮河以北大片地区的金国定都于中都大兴府（现在的北京）。随着蒙古的强势崛起，蒙古铁骑入侵甚急，金宣宗于 1214 年迁都汴京开封府，即之前北宋的首都汴梁。

如果说长安和洛阳是威严气派的王公贵族城市，那么汴京就可以说是逍遥自在的市井平民城市。从前，也就是首都是长安或洛阳的时候，太阳一落山，城门就会关闭，夜间禁止通行，甚至连各个作坊也必须关门。而在汴京，却没有这样的规定。这里洋溢着自由的气息，即使在深夜里引吭高歌也不会有人责怪。中国的平民艺术，正是从这一时期肇兴的。

平民艺术的中心，位于汴京城内一个叫作桑家瓦舍的地区。那里有个名叫牡丹棚的大剧场，可以容纳两千人。剧场后面那一排排房屋里，住着很多手工艺人。

王勉夫妇就住在这里。

王勉擅长刻写小字，而他的妻子则是剪纸高手。

剪纸是一门可以当众表演的手艺：左手拿纸，右手持剪刀，瞬间就剪出花样或文字；但刻写小字却不行。于是，妻子经常在店门前表演剪纸，而丈夫总在家里埋头干活。

有一天，有个男人来到店门口，说道："我有事求见你的丈夫。"

"我丈夫性格有些乖僻，不知道他肯不肯见你。我去问一下他。请问您尊姓大名？"

"我叫元好问。"那人自报姓名道。

王勉的妻子走进屋里，将此人求见的消息告诉了王勉。

"元好问？！"王勉双眼放光，"是尚书省掾（官名）那个写《杜诗学》的元好问吗？！"

"要见他吗？"

"行，让他进来吧。"

元好问想委托王勉做的，是将自己创作的三百首诗誊录到一寸见方的小册子上。王勉曾经把《般若心经》雕刻在米粒上，把《千字文》缮写在铜钱大的香木上。对他来说这并不算难事。

"好的，两天就能完成。"王勉答应了。

元好问走后，王勉对妻子说道："金国很快就要灭亡了。"

"你一直在等这一天吧！"

"你难道不高兴吗？"

"我在汴京已经生活了十五年——相当于半辈子了……"王勉的妻子今年三十岁。

"我还是在苏州生活的时间久一些。"王勉说着，站起身来。他的身高大约只有五尺左右，就像他的字一样小巧。

时值金哀宗正大八年（1231 年）年末。

王勉在苏州出生并长大。宋金议和后，南宋派出使节团北赴金国。王勉作为使节团的官员仆从随同前往。抵达中都后，他被扣押了下来，就这样一直留在了金国，直到今日。

金国占据中原以来，一直缺乏人才，故而经常扣留南宋的使者为己所用，这就是后来所谓的“南人”。定都大兴府初期，朝中大臣大都由南人担任。虽说后来金国和南宋达成了和议，但两国间的关系仍没有恢复正常，连王勉这样地位低下的随从都不允许回国——金国不想把了解本国内情的人送回南宋去。

王勉的主人因为年纪老迈、缺乏才干，没能得到重用。他对外宣称：金国强迫自己为其效力，但他坚决不肯从命。他希望自己坚守气节的事迹可以传回故国。因此每天伏案疾书，源源不断地写下对金国的詈骂之言，并记叙自己如何坚守气节。写完之后，他想委托走私商人带回南宋，却无人肯帮忙。因为书稿又厚又重，想尽量多带货物的商人当然敬而远之；何况，书稿中写满了反金言论，如果被金国官员发现的话，就会摊上大麻烦。

“这么厚重可不行。如果是薄一点儿的、小一点儿的东西，我倒是可以帮你带。”走私商人们以此为借口拒绝了王勉的主人。

“那我用小字重新抄写一遍吧。”王勉的主人冒出这么个念头。但他毕竟上了年纪，老眼昏花，写小字实在太勉为其难了。于是，他就让书童王勉代劳——他平时经常教王勉读书识字。

“写小一点儿，再小一点儿……”

在主人的督促下，王勉尽可能把字写得很小——他无论做什么都很专心，一旦开始做，就一定要努力做好才肯罢休。王勉全神贯注于写小字之中——他学会写小字，就是从这件事开始的。虽然在抄本完成之前，王勉的主人就去世了，但他这一手写小字的绝活儿却保留了了下来。

金国不仅缺乏人才，同时也缺少人口。所以，金人经常越过南宋边境，掳走附近的村民，用作劳役。王勉的妻子就是这样被抓到金国的。她因为擅长剪纸，被招进了戏班，并在那里遇到了靠写小字糊口的王勉。

这样的遭遇，自然使得夫妇二人对金国怀抱敌意，王勉的仇恨尤为刻骨铭心。

同年（1231 年）四月，蒙古大军攻陷西部要冲凤翔城，迫近金国的中心。就是在这样的背景下，被誉为“北方文雄”的元好问委托王勉抄录诗集。

王勉打开元好问留下的诗集，心想：他大概是舍不得让自己的诗葬身战火之中吧。不由地抿嘴一笑。逃难时，为了方便携带，最好是选择能缝进衣领里那样小的东西。元好问委托他所做的抄本，就刚好是那样的尺寸。

元好问的诗久负盛名，但王勉之前从来没有读过。他一直认为，金国诗人的水平高不到哪里去。在他心里，宋朝才是文明的最高峰。如今，为了抄录诗集不得不读了。王勉读着读着，发出了阵阵惊叹声。

好诗！原来金国也有如此杰出的文学家！

3

游骑北来尘满城，月明空照汉家营。

卷中正有家山在，一片伤心画不成。

上面这首诗题为《家山归梦图》，是元好问三十二岁时所作。

所谓“游骑北来”指的是蒙古的铁骑兵。元好问十七岁时，蒙古英雄孛儿只斤•铁木真即位可汗尊为“成吉思汗”。元好问二十五岁时，金国中都被蒙古军包围，其兄元好古死于战乱中。第二年，蒙古军占领金国城邑达八百六十二座……

在战乱中一路走来，今年元好问四十二岁了。成吉思汗已经去世，他的继任者们继承了他的遗志，不停地东征西讨。

诗中咏叹道：画卷中描绘的分明是故乡的山水，然而人的悲伤又怎能画得出来呢？

“你这也能叫‘汉家营’？”王勉不满地咂咂嘴。

他很赞赏这首诗，但不能认同第二句的“汉家营”。此处的“汉家营”自然是指金国的军营。对于认为南宋才是正统的王勉来说，女真族建立的金国绝对不能算是“汉家”，虽然其国民大部分都是汉族人。

在东北崛起的女真族建立王朝、攻入中原以来，一直在迅速推行汉化。建国初期还维持着独特的女真族制度，但没过多久，从行政机构到礼仪风俗全盘汉化，俨然变成了汉文明的传承者。金国历代皇帝大都是汉文明的崇拜者，其痴迷程度甚至不下于汉族人。慢慢地，他们认为：自己才是光辉绚烂的中原文明的继承者。

其实，塞外民族政权入关后，都无一例外地汉化了。例如，从4世纪到6世纪统治中国北方地区的鲜卑族建立的北魏王朝[1]，为了迅速推行汉化，甚至连皇族原本的姓氏“拓拔”也改成了汉姓“元”。与之相比，金国皇室倒没这么彻底，并没有改姓，仍是“完颜氏”。

据说，元好问就是北魏皇族的后裔，但他相信自己是“汉家人”。他认为：“汉”并不单是指血统，更是指文明，金国是汉文明的继承者。因此，他深爱着金国。

[1] 北魏王朝：386～534年，是鲜卑族拓跋珪建立的政权，也是南北朝时期北朝第一个王朝。

然而，金国正濒临灭亡。

往年的十二月份，街上总是热闹非凡。但今年（正大八年，1231年）的十二月，城内却一片死寂，令人胆战心寒。

国都汴京正处于戒严之中。当时的开封府拥有数百万人口，与南宋的临安（即杭州）、西方阿拔斯王朝的首都巴格达并称当时世界三大城市。而现在，这里俨然变成了一座鬼城。

蒙古军占领了凤翔之后，挥师南下。同年九月，攻下南宋境内的兴元府（今陕西汉中）。消息传到汴京，百姓们无不惊慌失措。到了十一月份，四川北部已被蒙古铁骑攻陷，金国北部的河中府（今山西永济市）正处于攻防战的殊死搏斗阶段。

时近岁末，汴京闹市中的桑家瓦舍连个人影也没有。王勉夫妇的店面自然也是冷冷清清。

两天后，元好问再次登门造访。他委托王勉制作的小字抄本诗集已经完成了。

“哇，真精致！”元好问夸赞道。

“这抄本不是为了看的吧？若想看，过后再用大字重新誊写出来，就能慢慢看了。”王勉说道。

“你好像挺了解这抄本的性质嘛。”

“大概能猜到。”

“过完年后，我还有别的活儿想委托你做。这次可是个大工程。你能住到我家里来吗？”

“可以。我随时都能开工。”王勉一口答应下来。

“要做很久的。你可以带上夫人——如果不妨碍她剪纸的话。”

“反正现在也没生意。我到时就带上内人一起去。”王勉看都没看妻子一眼就答应了。

元好问弓着背，踏上了归途。

他一边走，一边想：金国一旦灭亡，文明也将消亡。蒙古军所到之处无不大肆破坏。在他们的统治下，金国文明必将遭到破坏，或许最后只会剩下一个弱肉强食的世界。

“不，应该不至于如此……”

他寄希望于蒙古军营中的耶律楚材。耶律楚材与元好问是同年生人，他通晓诸学，才华横溢，擅长诗文。曾在金国朝廷中担任左右司员外郎之职。中都沦陷时，他被蒙古军俘虏，后来受到了成吉思汗的重用。据说，成吉思汗临终前曾留下遗嘱，让儿子们务必遵从耶律楚材的建议。如今，耶律楚材正担任蒙古的中书令，即宰相之职。只要成吉思汗的儿子们能遵守遗嘱的话，金国的文明就一定有获救的希望——元好问对这一点坚信不疑。

他停下脚步，仰望天空。太阳西斜，十二月的寒风卷起路上的尘沙，漫天飞扬。到处都是灰蒙蒙的。或许，大家都忘了年末要打扫一下家门吧。

这一年，元好问的妻子去世了。他孑然一身，凄凉寂寞，映入眼中的景物想必也显得无比凄凉吧？

“不，光靠耶律楚材一个人，恐怕还不行……”

元好问念及此，不由心生焦虑，脚下加快了步伐。

4

汴京的政府机构之中，有个叫国史院[1]的地方。国史院里有八名记注官——四个女真族人，四个汉族人。七年前（大正元年），元好问也曾担任过这里的记注官。

中国历代王朝都设有记注官，详细记录天子、朝廷乃至国家每天发生的事情，即所谓的“实录”。该王朝灭亡后，下一个王朝的史官就根据这些实录编修前朝的正史。这是历代王朝的规矩。

国史院里保存着金朝成立以来一百二十年间的实录。

按金国的制度，哪怕皇帝和宰相讨论机密时，也一定会让记注官在旁边记录。这样做成的实录极其详尽，而且数量庞大。如果要将其全部运走的话，大概需要一百多辆“太平车”（每辆由七头牛牵拉）。

现在到了必须要做最坏打算的时候了。

“这事已经获得了宰相的批准。”元好问把王勉带到国史院，让他用小字抄写实录。

王勉寄宿在元好问家中，每天来国史院工作。有时也和值夜官一起在国史院中过夜。他用自己瘦弱的手，以超乎想象的小字和速度誊写着数量庞大的实录。他脑里什么也不想，只是飞快地动着手，奋笔疾书。

回到元好问家中，躺在卧床上时，王勉心中才涌起各种思绪。

“蒙古军烧掉汴京城的话，这些实录就会化为灰烬。也就是说，

[1] 国史院：官署名，掌修国史。宋代初年于门下省置编修院掌修国史，事毕即罢。元丰改制后，每修前朝国史即置。金国亦置。

金国一百二十多年的历史就会从此消失……”

听到他这喃喃自语，妻子责问道：“你现在帮忙抄写，不就是为了把实录保存下来吗？”

“嘿嘿嘿……”王勉只是抿嘴一笑。

自从搬到元好问家中寄宿之后，王勉的想法发生了变化。

从登门拜访的元好问友人的交谈中，从国史院的各种资料中，王勉逐渐了解到了金国的文明程度之高。他甚至觉得：金国文明也可以和宋国文明相媲美呢。

就纤细精致而言，宋国文明确实在金国之上。比如，江西诗派[1]的优雅气度，在北方的金国文化里是罕见的。然而，宋朝所缺乏的力量感，则赫然存在于金国文化中。而且，许多金国的皇帝重文而轻武，例如，金显宗十分喜好文学，时常与儒者长谈至深夜而不知疲倦，这段记录就保存在国史院中。

王勉心想：这个时代的文明，宋和金或许能够平分秋色吧。

这时，他脑海里忽然浮现出故乡的山河。

二十年客居岁月，使他对故乡的感情变得愈加深切。苏州那一座座红色的桥柱下荡漾的波光，凝聚着他无尽的思念。他在脑海中描绘着城中的纵横水路，内心不由一阵激动，甚至渴望投身河面，亲吻故乡的水。

眼下，他每抄写完一卷实录，都会产生一种幻觉：这本能纳入手掌中的小抄本，会变成一块巨石，滚落在苏州城中，堵塞住水

[1] 江西诗派：我国文学史上第一个有正式名称的诗文派别，起源于北宋宋徽宗初年吕本中的《江西诗社宗派图》。

路……从表面来看，他目前所做的事，是为了保留金国优秀文明的证据——这无疑是对自己故乡的背叛。尽管如此，他仍然坚持不懈地继续抄写着。

元好问有时会过来看一下工作进度。

“呵，比我预计的快嘛！”元好问说着，脸上露出了满意的微笑。他觉得自己仿佛已经把金国这一百二十年间的岁月拥入怀中了。

人的生活，如果不作为历史记录下来的话，就如同没有存在过一般。那么，自己的父辈、亲友及其祖先——那几千万、几亿万的灵魂都将失去归宿，消失于时空中。同样，人的尊严将分崩离析，文明也将消亡，变成沙漠里的沙粒，遭受马蹄的践踏。

元好问下定决心，无论如何也要将自己生活的时代以及这个时代的文明作为文字保存下来——他把这项事业的所有希望都寄托在了王勉那尖细的笔端上。

此事虽然经过了宰相的批准，却并没有获得拨款资助。王勉夫妇的生活开销，全都是出自手头拮据的元好问自己的腰包。

汴京皇城的大殿里，大臣们连日进行着磋商，可是谁都想不出什么好办法。有的大臣提议说：不如试着改换年号来驱除灾祸。最后大家达成了一致决议：“正大”这个年号不好，等过了年，就将年号改为“开兴”——开兴，蕴含着人们期待振兴国运的愿望。

在会议中，元好问提议说要制作历代实录的小字抄本。这时，一位监察御史勃然变色，怒斥道：“这岂不是意味着准备放弃国都了吗？蒙古兵还没来到，你却先考虑后路。真是岂有此理！”这位监察御史其实是个不敢面对现实的人，他不断地把愿望堆砌成一个空壳，然后自己龟缩起来，躲入其中。

宰相支支吾吾地说道："事先设想各种情况，然后为其做好准备，这总不是什么坏事吧。"

就这样元好问的提议得到了批准。

"汴京城怎么可能陷落呢？完颜重喜一定会击退蒙古军的！"监察御史仍然固执己见道。他想以此维系虚幻的愿望。

然而，他的愿望落空了。

河中府失守。

统帅都点检完颜重喜率领步兵十一万、骑兵五千在陕州阻击蒙古军。但潼关的守卫队长投降了蒙古，导致金军溃败撤退。陕州的百姓们也舍弃了房屋和城市，跟在军队后面逃跑。时遇大雪，他们最终还是被蒙古军追上了。完颜重喜投降，仍被蒙古军斩首。其他将领或四散奔逃，或纷纷应战，也都溃不成军。十余万金军几乎毫无反抗之力就被消灭了。

蒙古大汗最终决定包围金国首都汴京。曾经横扫黑海沿岸的猛将速不台被任命为攻城统帅。

这年四月，金国改换年号仅三个月后，又再次改年号为"天兴"——看来，只能向天祈祷了。

5

蒙古大汗窝阔台派使者从郑州前往汴京劝降。金国皇帝为了拯救汴京数百万百姓的性命，决定与蒙古议和。作为条件，金国同意派出皇室宗亲、文人官员、衍圣公等二十七家名门望族去蒙古当人质，并提供刺绣女工、驯鹰者等技术人员。

然而，攻城统帅速不台却没有停止备战。他认为：自己接到的任务是准备攻城，并没收到停止备战的命令。

蒙古铁骑把金军在城外各处设置的铁棱角、鹿角木等障碍物全部拔除，并在要冲之处搭起弩炮，逼迫俘虏填平护城河。汴京城里的百姓们将这一切都看在眼里，自然是恨得咬牙切齿。愤怒的金军将士请求出战，但将军完颜白撒不批准，理由是和谈还在进行中。

若蒙古军仅仅是备战，倒也罢了。他们竟然开始用弩炮向城内发射石块。不过，汴京城墙坚固无比，石块难以伤及毫发。于是，蒙古军就把攻击目标定于城墙四角的守兵角楼上。

金军动员百姓们收集城中的马粪和牛粪，和稻草掺在一起，涂在角楼墙壁上，并在四周围上用毛毡和牛皮缠绕而成的悬风板。以此减小飞石的冲击力。然而，蒙古军向其发射火箭[1]，烧毁了悬风板。

万幸的是，城墙还是坚不可摧。于是，蒙古军又开始了一项大工程——挖城墙。无论什么城墙，都会有墙根，不可能一直深入地轴里。他们正是打算通过挖墙根来摧毁城墙。蒙古兵们身上披着几层不透箭矢的牛皮，从墙脚往下深挖。

对此，金军则用“震天雷”这一新式武器进行回应——用铁索拴住装着火药的大铁壶，悬吊到城墙脚下的洞穴上方引爆，将正在挖洞的蒙古兵炸得粉身碎骨。

激烈的攻防战不分昼夜地持续了十六天。据史书记载，两军战死者多达百万人。其中，包括了不计其数的平民百姓。除了“震天雷”之外，金军还使用了“飞火枪”这一强大的发射火器，导致蒙古军死伤大片。

[1] 火箭：一种古代兵器。箭头绑附易燃物，点燃后用弓弩发射。

于是，大汗窝阔台放弃了攻城，提出议和。蒙古军统帅速不台将全军撤退至黄河、洛水一带。

汴京城解围了。

好不容易躲过兵火之灾的汴京城，在同年五月发生了大瘟疫。根据史料记录，短短五十天内，从城门口运到城外去埋葬的尸体就多达九十多万具——这其中还不包括那些因穷困而无法埋葬的人。

在这期间，王勉一直默默地制作着小字抄本。哪怕“震天雷”的爆炸声如万马奔腾，响彻四方，王勉也不为所动，仍然着魔似的继续眷写着小字实录。

瘟疫渐渐平息了。

曾经反对制作实录抄本的那位监察御史上门拜访元好问，来给他说媒：“在这种时局里，孤零零地一个人生活总不太方便吧。不如考虑一下续弦如何？”他所介绍的对象姓毛，据说是出身名门的女人。

元好问若有所思地说道：“其实我也不是没有考虑过……”

“现在这种时世，结亲也可以为自己多留条后路啊！”监察御史意味深长地微笑着。

“我不太明白您的意思。”

“结亲就意味着会多一些亲戚。乱世之中，说不定什么时候、出于某种原因就需要向人求助呢。如果你认识有权有势的亲戚，肯定会觉得踏实许多吧。”

“您说得有道理。”

“这位毛家姑娘嘛……”监察御史压低嗓门儿说道，“是张柔的养女……从小在他家里长大。张柔就像慈父对待自己的亲闺女一样，对她的话百依百顺……”

"张将军……"元好问小声嘀咕道。

张柔，字德刚，易州定兴人（今河北定兴河内村），曾经是金国广为传颂的名将。兴定二年（1218 年），元好问二十九岁时，张柔投降了蒙军，并得到重用。因为他对金军的内部情况了如指掌，所以作为蒙古军将领参加了此次围城战，在汴京城西北安营布阵。对于金国来说，他无疑是个叛将。

元好问目不转睛地看着监察御史的脸庞——那两道粗眉下的一双小眼睛，总感觉不太匀称。这位曾经扬言"汴京绝不会失守"、异想天开地相信"金国不败"的人，此刻，却在大谈"处世之道"。

如果和投降蒙古的得力将军结为姻亲，如有不测，或许可以保住性命——曾经态度坚决地反对制作实录抄本的监察御史，此时，正向元好问暗示着这一点。

"请容我考虑一下。"元好问回答道。

"嗯，可以不用马上答复。不过，一旦这门亲事谈成的话，可别忘了我这个媒人。对于男女双方来说，媒人都是最亲密的亲戚哟。"说完，监察御史就回去了。

很显然，监察御史是想通过做媒攀上张柔将军这座靠山，以求自保。在庙堂之上，他慷慨激昂地宣称金国必胜——而今看来，那些话并不坦荡。作为一个诗人，元好问虽然喜欢委婉而优雅的句法，但对于监察御史这番阳奉阴违的暗示，他却打心眼里讨厌。

瘟疫过后，汴京城里恢复了些许生气。

这一年的牡丹花会、清明节和端午节因为蒙古军围城，都没能好好过。现在七夕到了，终于可以在城里看见一些小规模的庆祝活动了。

失去一百多万条性命的城市，不可能骤然恢复元气，但人们向往着生机盎然的气氛。汴京城中，没有一个人能逃脱失去亲人的厄运。三月间，元好问也失去了年仅十四岁的三女儿阿秀。当时，刚好在蒙古军围城之前。

过后，元好问甚至为女儿之死而感到欣慰——这样总比死于战火和瘟疫好多了……反正，体弱多病的阿秀也很难捱得过战争和瘟疫。

长子元拊（字叔仪）刚满三岁；长女阿真已经嫁到程家去了；二女儿阿岩总说要去当道姑，令父亲一筹莫展。

母亲去世后，照料幼弟的任务就落到了姐姐阿岩的头上。七夕这天，元拊早早就睡了。阿岩和王勉的妻子来到后院，一起对着月亮穿针——这是七夕的习俗之一。

看着眼前的景象，元好问心想：要照顾好家里，还是需要再娶一位妻子。不过，绝不能娶张柔的养女……

人们战战兢兢地度过了七夕节，每个人都祈祷着从此能过上太平的日子，却没有人相信这个愿望能真正实现——因为，蒙古军是不守信用的。

有很多因全家惨遭杀害而只身从军的小伙子，希望尽可能多地杀死蒙古兵，报仇雪恨。所以，军队里到处充斥着反对议和的气氛。

七月，蒙古使节唐庆一行三十余人在前往汴京和谈的途中，遭到金兵袭击，被杀身亡。

和谈破裂了。

“要辛苦你再加快些速度了。拜托了。”一走进国史院，元好问就对正在抄写实录的王勉说道。

“我已经不分昼夜地在赶工了。”王勉头也不回地答道。

王勉脸颊瘦削、眼窝深陷，瘦小的身材似乎又瘦了一圈，只有一双小眼睛炯炯发亮。仿佛他全身心的精气神都渐渐被指尖那细小的笔端给吸走了。

“这样啊……那你自己也多注意些身体吧！”

本来是打算来催促的元好问，却情不自禁地说出这话来。王勉却连头也没点一下，仍旧自顾自地继续抄写着。

6

蒙古军首先切断了汴京与外界的交通。

邓州的完颜思烈、陕西的完颜仲德（忽斜虎）、南阳的武仙分别率三路大军援救国都。武仙提议三军合力攻打蒙古军，并和另外两军的将领约定进攻时机。但完颜思烈拒绝了——他离汴京城最近，想独占军功。可是，当完颜思烈的军队从汝州出发经过密县时，却遭遇了蒙古大军。但他仍然一意孤行，拒绝采纳武仙的阻涧结营之策。终于，行至京水时，蒙古大军趁机进攻，完颜思烈的军队大败而逃。武仙闻讯后，退守留山收拾残部，等待再次发动进攻的机会。

就这样，因为将领们的钩心斗角，外部救援的希望破灭了。而交通又被切断，汴京城内的粮食得不到补给，眼看就要见底了。人们四处奔走，寻找求生之法。

金国皇帝终于下定决心：放弃汴京。

东边还有个名为归德府[1]的地方没被蒙古军占领。蒙古军既然要切断汴京城的交通，那么兵力肯定比较分散。如果集中精锐部队出击，或许可以从某一点突破封锁线。突破之后，进入归德府，以其为立足点，

[1] 归德府：现河南省商丘市睢阳区商丘古城。

渡过蒙军势力薄弱的黄河北部地区，再集结军队，从外部援救汴京城。

听了这番话，元好问心想：时机来了！现在正是抢救实录小字抄本的绝佳时机！

为了掩人耳目，皇帝决定把太后、皇后、妃子全都留在京中，随行也尽量从简，军粮到归德府再筹措，以减轻辎重。不过，小字抄本几乎不占什么分量，不会增加额外的负担。现在正是将其带出城的好机会。

小字抄本刚完成到先帝金宣宗的最后一年——元光二年（1223 ～ 1224 年）。王勉在“元光二年十二月”项下，写下一句：

> 宣宗崩，宁甲速即位。

就此完成了宣宗实录卷。

“当今陛下即位以后的部分还没开始抄写。”王勉说道。

“最近十年发生的事，应该有很多人记得的。快把现在已经完成的部分给我。”元好问说道。

元好问没有被列入突围队伍之中。不过，他提出了让突围队伍带走小字抄本的请求。将军问清楚了抄本的分量之后，就随口就答应了。抄本可以收入行李之中，不占地方。

当晚，王勉将放在国史院的小字抄本带到了元好问的家里。

王勉坐在元好问面前，几本薄薄的册子端放在大腿上——那正是由汗牛充栋的实录转抄而成的。

“你做得太出色了。”元好问表示了犒劳之意。

时值天兴元年年末，十二月二十四日，即小年之日[1]。据说，在

[1] 每年农历腊月廿三或廿四，是祭祀灶王爷的节日，也称小年。

这一天，各家灶神会把家里的好事坏事巨细无遗地向天帝报告。后来，人们逐渐形成了一种风俗习惯：把糖涂抹在灶门上，以求灶神报告时多美言几句。在13世纪时，人们还没开始用糖，而是用酒糟涂到灶门上——灶神喝痛快了，也会多多关照的。

在这一天，家家户户整夜都会将点亮的灯置于床下，谓之“照虚耗”。即使在备战态势紧张的汴京城中，一般人家里也都没有忘记这项节日风俗。

元好问家里的还没落入蒙古之手的卫州床下同样摆放好了点亮的灯台。

他接过王勉双手奉上的抄本，一页页翻开浏览——当然，里面的字都是一个个小黑点，根本看不清。

总有一天，这些小黑点会被放大，重新变回正常的字。下一代的史官将根据这些实录编修金国正史，向后世传扬金国的文明。在元好问眼里，这无数的小黑点，仿佛是无数熙熙攘攘的生命，又仿佛是凝结而成的文明结晶。

元好问感慨万千——正是自己，把它们从濒临毁灭的灾难中抢救了出来。曾经自鸣得意的诗作，此时都已经变得无足轻重。过去，他认为自己是为写诗而生的；而今，他觉得那不过是雕虫小技，自己真正的使命应该是作为金国文明的证人而存在于世的。而且，此刻自己已经实现了这一愿望。

他感受到了一种心满意足的、平静的愉悦。

王勉目不转睛地盯着他，问道：“您很有满足感吧？”

“我从来没这么有满足感过。”

“那就请您收下吧——不过，毕竟我也忙碌了整整一年，对这些抄本真有点舍不得。我想最后再拿来看一看。”

"我理解你的心情。这些抄本倾注了你一年的心血。你好好地跟它们道别吧。"元好问把抄本递给王勉，闭上了眼睛。

元好问心想：王勉毕竟只是个工匠，他对工作的热情只囿于狭隘的世界。作为一个工匠，他只是为自己写下这么多漂亮的小字而自鸣得意。而我则不同——我为这些抄本所封存的伟大文明而感动，为自己能把它们传于后世而自豪……

这时，元好问突然感觉到周围的空气在流动。一睁开眼，却见面前空空如也。他连忙将目光转向空气流动的方向——王勉正蹲在床边。

床下"照虚耗"的灯光有些异样——之前，元好问为防失火已将火调小，但此刻的火光却异常明亮。仔细一看，床下竟然有火苗蹿了起来！

只见王勉一只手伸入床下，把一卷抄本放在灯火上方。霎时间，抄本被火苗吞没了。

这一瞬间，元好问只觉得双腿发软。

"你在做什么？！"元好问想站起来，但身体不听使唤。

王勉蹲在床边，冲着元好问大笑起来。他的牙齿被火光的颜色染得通红，鼻翼微微抽动。渐渐地，他的表情崩溃了——不是在笑，而是在放声大哭。

元好问好不容易站起身来，推开椅子。椅子倒在地上，轰然作响。他冲上前去想要制止王勉。就在他将要抓住王勉领口的瞬间，身材瘦小的王勉站起身来，往旁边一跃，一下闪开了。

说时迟，那时快，王勉腾地摘掉了桌上烛台的罩子，随即又拿起另一卷抄本放到烛火上。火焰熊熊燃起……

元好问一动也不动地呆立着，一脸茫然。他脚下掉落着一卷几乎烧焦的抄本。抄本翘曲着，偶尔蹿起一丝黄色的火苗。一缕青烟飘摇直上。

“浑蛋！”元好问好似突然惊醒一般叫嚷着，想扑上去制伏对方。然而，被制伏的却是他自己——有人忽然从身后反剪双臂地按住了他。

身后那人，胳膊纤细白皙，还隐隐传来一股幽香。元好问知道那是王勉的妻子……他根本想象不到一个女人的力气竟然如此之大，能把他勒得紧紧的。

同时，他的耳边响起尖锐的叫声。“干得好！总算等到这一天了！你太厉害了，竟然能想到抄完再烧掉！”王勉的妻子从元好问魁梧的肩膀上露出半边脸，对着王勉喊道。

王勉对她说道：“没错！元好问正是为了这一天才让我制作抄本的。而我也正是为了这一天才接下这活儿的……没错，就是为了把它们这样烧掉……”王勉把手中烧了一半的抄本高高扬起，转向元好问道：“喂，元好问，你难道忘记了我夫妻俩是宋人了吗？”

元好问没有回答，只是呆呆地望着空中翻飞的火焰。

王勉的妻子作为女流之辈，即使用尽全身力气，长相魁梧的元好问还是有机会挣脱开来的。但他任凭双手被反剪着，并没有挣扎。

只见王勉把抄本点燃后拿在手里，等烧到一大半时才扔到地上。地上铺着砖石，只要不烧着家具，就不至于引起火灾。

抄本接二连三地被烧掉，整个屋里一片通红。

元好问与王勉的妻子紧紧地贴在一起。可能是激动的缘故，他甚至透过衣服感觉到了她身体的温度。忽然，元好问感觉右肩上的衣服湿了——原来王勉妻子早就伏在他的肩上，泪流不止。

最后一卷抄本烧到三分之一时，元好问忽然觉得身体一阵轻松——王勉妻子精疲力竭地松开了他的胳膊，瘫倒在地上。王勉把最后那卷烧到一半的抄本扔掉，随即也瘫倒在元好问的脚边，他的手在地面上慢慢地爬行，抓住了妻子的手。

元好问低头看着他俩。

最后那卷抄本已经烧成了灰烬。屋里的光线渐渐变暗……

“你杀了我吧！”王勉自豪地叫道。

“还有我！”王勉妻子也叫嚷道。

元好问没有回答，只是把双手背在身后，在屋里踱来踱去。脚下的布鞋踩过一地的狼藉，抄本的灰烬顿时满屋飞扬。

元好问弯下腰，用手指拈起一小撮灰，问道：“好像还故意用了易燃的纸张吧。你是从一开始就想好要这么做的吗？”

“是的。现在，要杀要剐，悉听尊便。”

元好问又踱起步来。地上的砖石落了好些白蒙蒙的灰烬。他到处挑选那些发黑的抄本残骸，用鞋底踩踏下去。用力地踩踏下去。屋子里，白灰飞扬。

“唉，算了……”元好问总算开口了，“明天开始用小字抄写我的著作吧——《东坡诗雅》，是对苏东坡的诗的注解和感想。东坡是宋人，这次应该不会有什么抵触情绪了吧？”

元好问把地上最后那一团黑色疙瘩全部碾碎，就向门外走去。

第二天一早，元好问便来到那位监察御史的家中，低着头说道：“我愿意娶毛家女子为妻，请你从中说合。”

“真的呀！终于下决心啦？恭喜恭喜！”监察御史喜出望外。

7

蒙古军再次包围了汴京城。因为长期围城，粮食已经断供很久了。

城中已是一幅幅地狱众生相。金人刘祁所著的《归潜志》中如此描绘当时的惨状：

> 百姓食尽，无以自生。米升直银二两。贫民往往食人殍，死者相望，官日载数车出城，一夕，皆剐食其肉净尽。

“人殍”是指饿死之人。每天，官兵用车装载着尸体运出城门外。一到傍晚，饥饿的人们争相剐食其肉，很快就吃得只剩下骨头了。更让人心惊的是，不仅饿死者的尸体，甚至连活人都有可能被杀了吃掉。至于皮箱、马鞍等皮革制品，更是早就被拿来“咕嘟、咕嘟”地煮了吃。

此外，因为城外无法运送柴薪进来，燃料也极其匮乏。为了生存，从豪奢的富人宅邸，到闹市中的楼馆，里面的木头全都被剥下来当柴火烧。

《归潜志》中记载道：

> 城中触目皆瓦砾废区，无复向来繁侈矣。

汴京城内水系丰富，除了汴河之外，还有蔡河、五丈河、金水河等，但河里的鱼早就被捕光了。而城外护城河已被蒙古军填埋住。切断水源后，城内河就变成了死水，自然不可能再出现新的鱼了。

不流动的河水水位逐日降低，最后终于干涸。人们争先恐后地挖掘河底淤泥，寻找能吃的田螺以及其他贝类。当然，很快也都抢食一空。

还有很多人不是饿死的，而是死于中毒——人们连染料和其他含有毒性的东西都拿来充饥。

汴京已经变成了一座鬼城。

> 郁郁围城度两年，愁肠饥火日相煎。

这是元好问的诗作。

如果不是亲身经历过“愁肠”和“饥火”相煎熬的人，是断然写不出这样的诗句来的。

金国皇帝逃离出京，是在过完小年的两天后，也就是这一年的十二月二十六日。

马上就要过年了，却丝毫没有新年的气象。

就在这样凄惨黯淡的气氛中，元好问把毛氏迎娶进了家门。

新娘头上披着红盖头，手上拿着同心结的一端，新郎用笏板挂住另一端——这同心结是由男女两家各出一匹彩缎编成的。夫妻对饮的酒杯也用彩缎相连。

其实，元好问这一阶层的人举行婚礼，新娘应该乘坐牛车才对。但城内的牛全都被吃光了，所以新娘只能坐轿。轿子由四个男人抬来，但他们因为饥饿乏力，走起路来脚下都摇摇晃晃的。

当时，王勉正在元好问家中誊录三卷的《东坡诗雅》的小字抄本，他的妻子得以经常陪着毛氏聊天儿。一日，王勉之妻告诉对方：自己的丈夫在小年那一天烧掉了花一年心血完成的小字抄本。说到这里，她的声音几近呜咽。

“第二天，元老爷就去监察御史家里，说愿意成亲。”

“我能理解。”毛氏说道，“这两个男人的心情，我都能理解。”

毛氏性格温和，夫妻俩过着和睦的日子。他们忍耐着饥肠辘辘之苦，互相扶持，共渡难关。

元好问对毛氏很和善。但毛氏能敏锐地感觉到他俩之间存在着一层非常细微的隔阂——无法用语言描述的，只能在内心深处体会到的隔阂。开始，她觉得无法理解，直到听了王勉妻子诉说完事情的来龙去脉之后，才恍然大悟。

金国皇帝宁甲速（即完颜守绪，后来谥号为“哀宗”）按计划逃出汴京，来到归德府，筹措军粮。然后从曹县渡过黄河，打算进入还没落入蒙古之手的卫州[1]。然而，卫州城门却紧紧地关闭着——城中百姓早就从难民口中听说了皇帝的军队沿途掠夺之事，因此他们给守城的官吏们施压，严禁打开城门。可悲的是，堂堂一国皇帝，竟然连自己的城池都进不去，只得在城外宿营。

蒙古军得到消息后，向卫州城进军。统帅由勇将史天泽担任。在白公庙之战中，金军大败。皇帝仅率七骑随从仓皇而逃，渡过黄河，重新回到归德府来。

金军已经全军覆没，不能指望从外部援救汴京了。

金国皇帝暗中派人潜入汴京城内，命令其将皇后等人接到归德府。

[1] 卫州：古代州名，在今豫北境内，地理位置主要包括今河南新乡、鹤壁等地。

皇后一行逃到汴京城外，却无法突破蒙古军的重重封锁，只得又退回了汴京城内。

希望破灭了。

皇帝想派人接走皇后之事，很快就在汴京城中传得沸沸扬扬。饥饿的百姓们更加慌乱了。

人心不稳之际，正是野心家蠢蠢欲动之时。

汴京的西面元帅崔立发动兵变，杀死了丞相、御史大夫等高官，自封为太师、军马都元帅、尚书令和郑王，并将亲信都安排在重要位置上，以巩固自己的地位。

当然，光这样并不足以确保权力稳固，还需要获得围城蒙古军的承认。于是，崔立着手准备投降事宜。他从城中强行搜刮了许多金银财宝，拿出其中一部分献给蒙古军统帅速不台；并把滞留在城中的太后、皇后以及其他皇族五百多人都送进了蒙古军营，速不台将男人全部杀掉，然后把太后、皇后、嫔妃等女人送到蒙古都城哈拉和林。

因为金国朝廷的高官遭到崔立的肃清，职位多有空缺，元好问作为尚书省左司员外郎、翰林知制诰留在了京中待命。

当时，毛氏正在乡下小住。

8

当时正是天兴二年（1233 年）四月。

崔立向蒙古军开城投降的日子逐渐临近，谈判期间，城内实权派和城外蒙古军之间来往甚为频繁。

毛氏在乡下住了三天后，回到汴京城。元好问对她说：“我有件事想拜托你，这是我的恳切请求……能不能让人捎带一封信给你的养父张柔将军？”

“是为了保命吗？”

“不是。”元好问摇摇头，“是更为重要的事情。”

“既然这么重要，那就不要拜托别人了。还是我亲自带给他吧！”

“这当然是最好了……不过，去蒙古军营太危险，我不忍心让你去……但这事确实又非常重要。”

“没事的，我去。”毛氏眉毛一扬，说道。

“我想请张柔将军……”元好问深吸了一口气，继续说道，“进城时保管好国史院的实录。如果任由蒙古兵胡来的话，这些资料一定会被全部烧毁的。眼下，国家即将灭亡。但无论如何，至少也要把这段历史流传于后世，这是我辈的义务。你的养父张将军学识过人。只要我们诚心恳求的话，他一定会理解的。我也和你一起去吧。”

毛氏目不转睛地看着丈夫的眼睛，问道：“你就是为了这个才决定娶我为妻的吗？”

元好问脸上露出了苦闷的神色。他移开视线，痛苦地点了点头。随即问道：“这对你来说很残酷吧？”

“不会。”毛氏摇摇头。

“那你愿意为我走一趟吗？”

毛氏仍然继续摇头。

“你还是不能理解我吗？”元好问声音嘶哑地问道。

“我理解你。”毛氏语气平静地回答。

“那为什么不肯去呢？”

“已经不需要再去了。”

“为什么？”

“因为……”毛氏这才面露笑容地说道，“我已经去过了。前几天，我回乡下的时候，在几个表兄弟护送下去了一趟养父的营地。我已经把保护国史院实录的事托付于他了。”

“原来如此……”元好问一时说不出话来。他激动地伸出双手，抚着夫人的双肩，把她拉到自己身边，紧紧地拥在怀里。

夫人把脸贴在他胸前，说道：“养父用性命担保说，一定会好好保管那些资料的。”

仿佛是为了迎合心跳和呼吸，元好问感觉到夫人的脸颊紧紧地贴在自己胸前，正在抽搐着。

忽然，从房里传来一声女人的尖叫。

“怎么回事？”夫人从元好问怀中抬起头，小声嘀咕道。她两眼通红。

“是从王勉的房间里传出来的。”元好问说道。

“那是哀哭声……”夫人竖起耳朵听了一会儿，低头说道。

“哀哭”是哀悼亲人好友去世的哭声，有独特的节奏感，所以一听即知——王勉去世了。

这一年多来，王勉为制作小字抄本呕心沥血，几乎耗尽了全部的精力。他本来身体就羸弱，已经在床上躺了好几天了；而现在城内粮食匮乏，又无法得到充分的疗养。终于，油尽灯枯了。

“王勉死了啊……不过，他也算是完成了自己的心愿才死的吧……”

元好问仰望着天花板。稍过片刻，他忽然想起什么似的，说道：“国史院的事已经托付给张将军了。那跟战争毫不相关的无辜百姓以及金国文人的性命呢？我也得出力相救才行。”

他在桌前坐下来，提笔疾书——他要写信给蒙古皇帝大本营里的蒙古中书令耶律楚材。

夫人一直站在他身后看着这一切。

信写好后，元好问回过头去，说道："你去房里看看王勉的妻子吧！"

"我想等她哭完了再进去。"夫人回答道。

这时，房里传来了一阵凄厉的哭诉声："为什么，你要在这种时候走了啊……金国眼看着就要灭亡了，你却……咱俩马上就可以回南方去了呀……"

按照蒙古的惯例，负隅顽抗的城市，破城之日城内百姓会遭到屠杀。速不台也向窝阔台汗申请屠杀汴京城的命令，但并没获得批准——中书令耶律楚材反对他的提议。窝阔台汗依照父亲成吉思汗的遗言，遵从了他的意见。

然而，为安抚军队，窝阔台汗还是下令道："攻打汴京期间，我军流血牺牲无数。如果什么都不做的话，恐怕士兵们也不会答应的。至少得把姓'完颜'的人全部杀掉！""完颜"是金国皇族之姓。

崔立打开城门，把蒙古兵迎进城来。

普通百姓的性命是保住了，但皇室宗亲被一个个抓出来，惨遭杀戮。城中的财宝也被洗劫一空，无论其主人是谁。

汴京城内值钱的财宝早已被崔立强行搜刮，占为己有了——这事连蒙古方面也知道。于是，趁着崔立出城迎接速不台等蒙古军统帅时，先进城的蒙古兵们争先恐后地闯入崔立府邸中，抢走了所有金银财宝，甚至连他的妻妾都带走了。

张柔将军率兵进城之后，直奔皇城国史院。《元史》列传中记载：

柔于金帛一无所取，独入史馆，取《金实录》并秘府图书。

张柔对金银珠宝不屑一顾，而是将大量实录和图书装载上车，运回自己帐中。

元朝宰相脱脱正是根据张柔保护下来的金朝实录编撰了《金史》。当然，编写正史时，实录并非唯一的根据，应该还参照了其他各种记录。

汴京陷落的第二年，在南宋和蒙古联军的夹击下，金哀宗自杀，金国灭亡。

蒙古军占领汴京之后，曾在金国朝中任职的元好问被囚禁了一段时间，后来恢复了自由。但无论别人如何相劝，他都没有再出任蒙古的官员，而是作为亡国遗臣到处奔走，为收集整理金国的史料而终其余生。不过，元好问晚年时曾觐见大元皇帝忽必烈，并为其献上“儒教大宗师”的尊号。由此可见，他并非极端的反元志士。

根据年谱记载，元好问每年都会外出旅行，目的是记录各地见闻。除此之外，他还编撰诗集，里面收录了金朝一百二十年间主要文人的作品，取名《中州集》。以“中州”为名，可以看出元好问的一贯主张：这一百二十年间，中国文化的正统在金朝。

据说，《金史》的编纂者们也参考了元好问的著作。以《史记》为首的一系列正史著作，水平参差不齐。其中，《金史》得到了后世史学家的高度评价。中国具有代表性的史论之一、清朝赵翼的《廿二史札记》中如此说道：

> 金史叙事最详核，文笔亦极老洁，迥出宋、元二史之上。说者谓多取刘祁《归潜志》、元好问《壬辰杂编》以成书，故称良史。

同时，作为金朝的大诗人，元好问现存诗一千三百六十二首。

前文所举“愁肠饥火日相煎”那首诗的结尾一句是：“落日孤云望眼穿”——深情地凝望着飘浮于落日旁的一片孤云，其情殷切，以至于双眼几乎都要看穿了。“落日孤云”，大概就是指行将灭亡的金国吧。

四十多年后，南宋灭亡时，右丞相文天祥被元军俘虏后宁死不屈的事迹在中国可谓家喻户晓。护送文天祥去北方元大都（今北京）的将军名叫张弘范，正是那位抢救金国实录的张柔的第九位公子。在赴京师途中，张弘范并未把文天祥当作俘虏，而是将其奉为上宾，以礼相待。

公元 1257 年 10 月，元好问在获鹿寓舍去世，享年六十八岁。

具有讽刺意味的是，他为防万一而让王勉制作的小字抄本《东坡诗雅》，结果却只有序文流传了下来。

（完）